일본
워킹홀리데이 &
아르바이트 일본어

이선우, 미즈하라 유우 지음

바이링구얼

일본
워킹홀리데이 & 아르바이트 일본어

초판 1쇄 발행　　2015년 06월 30일
초판 3쇄 발행　　2019년 07월 20일

지은이　　이선우, 미즈하라 유우
펴낸이　　홍성은
펴낸곳　　바이링구얼
교정·교열　장원희
디자인　　이초희
출판등록　2011년 01월 12일
주　소　　서울 마포구 월드컵로31길 58-5, 102호
전　화　　(02) 6015-8835　　팩스 (02) 6455-8835
메　일　　nick0413@gmail.com
ISBN　　979-11-85980-05-8 13980

• 잘못된 책은 구입한 서점에서 바꿔 드립니다.

preface

일본에 가는 사람은 저마다 가는 목적도, 일본어 실력도, 자금사정도 다르게 마련이다. 일본 문화가 좋아 일본어를 배우려는 사람, 요리, 패션, 만화 등 일본의 앞선 기술을 배우려는 사람, 일본의 대학에 진학하려는 사람, 일본에서 돈을 벌며 여행하려는 사람 등 목적에 따라 비자 종류와 가는 방법도 다양하다. 일본 워킹홀리데이 비자는 1년 동안 일, 여행, 어학연수가 자유로운 비자로 20대 때에만 신청할 수 있다. 미리 학비를 내야 받을 수 있는 유학 비자와 달리 워킹홀리데이 비자는 초기 생활비만으로 언제든 떠날 수 있어 혼자 힘으로 어학연수나 여행을 하려는 젊은이들이 많이 선호하는 편이다. 하지만 워킹홀리데이는 일, 공부, 숙식까지 모두 스스로 해결해야 하므로 자칫 책임감과 자제력이 부족해지기 쉬워 공부, 여행, 일 무엇 하나 제대로 원하는 바를 이루지 못하고 돌아올 수도 있다.

무엇보다 외국 생활의 기본은 그 나라 말을 할 줄 아는 것이다. 그래야만 어디 가도 당당하고 덜 힘들여 더 많은 돈을 벌 수 있고 조건이 좋고 학비가 싼 학교로 진학할 수 있다. 일본에 가더라도 일본어가 저절로 느는 법은 없으니 한국에서부터 철저히 준비해 가서 꾸준히 공부하길 바란다. 그렇다고 일본에서 책상 공부만 하라는 말이 아니다. 현지인들과 함께 일하면서, 친구도 많이 사귀고, 다양한 경험을 하며 몸으로 하는 현장 공부도 더없이 중요하다. 세계가 인정하는 일본 요리 배우기, 일본 스키장의 파우더 스노 즐기기, 멋진 파도를 자랑하는 일본 바다에서 서핑 즐기기, 한국어 가르치기 등등 일본에서 할 수 있는 일은 무궁무진하다.

노력하고 행동한 만큼 그 결실도 크다는 것을 명심하자.

contents

Part 1 출국 준비
1 일본 비자 종류 — 8
2 일본 워킹홀리데이 비자 신청하기 — 12
3 일본 대표 도시 — 18
4 도쿄 주요 지역 — 22
5 일본 어학연수 신청하기 — 28
6 출국 준비물 — 31

Part 2 초기 정착 정보
1 입국 심사와 체류카드 발급 — 38
2 공항에서 시내 찾아가기 — 40
3 숙소 구하기 — 44
4 거주지 등록 & 국민건강보험 — 51
5 공중전화, 휴대전화, 인터넷 카페 — 53

Part 3 현지 생활 정보
1 일본의 대중교통 — 58
2 도쿄의 대중교통과 교통카드 — 60
3 자전거 구매와 등록 — 64
4 은행 & 우체국 이용 — 66
5 생활에 유용한 일본 상점 — 68
6 일본 생활 예절 — 74

Part 4 일자리 구하기
1 일본 아르바이트 종류 — 78
2 구직 방법과 면접 요령 — 84
3 일본 이력서 작성하기 — 88
4 출입국관리국 이용 — 92

Part 5 일본어 공부 & 대학 진학
1 공짜로 일본어 배우기 — 96
2 일본 대학 입학하기 — 99
3 한국보다 학비가 싼 일본의 국립대학교 — 102
4 라이벌 명문 전문학교 — 110

Part 8 일본 워킹홀리데이 비자 신청 서류 작성법

1 일본 입국 사증 신청서 작성법   194
2 워킹홀리데이 이력서 작성법   198
3 워킹홀리데이 이유서 작성법   200
4 워킹홀리데이 계획서 작성법   202
5 워킹홀리데이 조사표 작성법   206

Part 6 일본 즐기기

1 저렴한 일본 음식 체인점   118
2 패스트푸드점과 패밀리 레스토랑   124
3 일본 대표 온천   128
4 일본 3대 하나비 & 도쿄 3대 하나비   134
5 일본 3대 마쓰리 & 에도 3대 마쓰리   138

부록

지역별 일본어학교 리스트   208
일본어 입력 방법(로마자)   214

Part 7 아르바이트 일본어

1 편의점   144
2 이자카야   151
3 커피숍   157
4 패스트푸드점   161
5 패밀리 레스토랑   166
6 고깃집   171
7 돈부리, 라면 가게   176
8 노래방   181
9 옷가게   186

1. 일본 비자 종류
2. 일본 워킹홀리데이 비자 신청하기
3. 일본 대표 도시
4. 도쿄 주요 지역
5. 일본 어학연수 신청하기
6. 출국 준비물

Part 1
출국 준비

01 일본 비자 종류

워킹홀리데이 비자

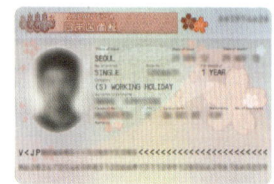

워킹홀리데이는 한국과 일본의 젊은이들이 상대 국가를 방문하여 관광, 취업, 어학연수 등을 병행하며 현지의 언어와 문화를 체험하는 프로그램이다. 비자는 1년에 4회에 걸쳐서 총 10,000명에게 발급한다. 최근 합격률은 약 70%로 기본적 신청 요건만 잘 갖추고 있다면 합격은 그다지 어렵지 않다. 신청 자격은 만 18세 이상 25세 이하이며, 군 복무를 마친 남성 또는 부득이한 사정이 있다고 인정되는 경우에는 30세까지도 신청이 가능하다. 워킹홀리데이 제도는 국가에서 여행 자금 보충을 위한 아르바이트를 허락하기 때문에 스스로 일본에서의 체재비를 마련할 수 있다는 장점이 있다. 유학 비자와는 달리 기초 생활비만 준비하면 1년 동안 자유롭게 일본 여행과 어학연수가 가능한 터라 많은 젊은이들에게 인기가 있다.

유학 비자

일본에서 6개월 이상의 어학연수 또는 2년제 이상의 전문학교, 대학(대학원) 등의 정규과정 진학 시 취득하는 비자이다. 전문학교와 대학(대학원)은 매년 4월에 학기가 시작되며, 일본 어학교는 연 4회(1월, 4월, 7월, 10월) 입학의 기회가 있다. 일본에서의 재류자격이 유학인 만큼 학업이 주목적이므로 해당 학교에서의 학업에 충실해야 하며, 아르바이트는 주 28시간으로 제한한다. 학교 출석률이 80% 이하이면 전문학교와 대학 진학 또는 비자 연장이 어려울 수 있어서 장기 유학을 목적으로 한다면 출석을 잘 관리해야 한다. 워킹홀리데이 비자와 달리 일본어학교나 대학 등 해당 학교 졸업 전까지는 사실상 전학이 어려워서 한 지역에서 장기간 체류해야 한다.

관광 비자 (90일 무비자)

관광 또는 단기 어학연수가 목적인 경우, 비자 발급을 위한 특별한 수속 없이 여권만 있으면 90일 동안 일본 체류를 허가해 주는 비자이다. 단, 관광 비자는 법적으로 아르바이트를 금하고 있으며, 장기 어학연수를 신청하는 희망자가 신청 시기를 놓쳤을 경우에는 서둘러 관광 비자로 출국 후 일본 현지에서 유학 비자로 변경할 수 있다.

신문 장학생 제도

한국에서 일본어학교를 신청하고 유학 비자를 받아 일본 유학을 시작하려면 초기 학비만 해도 수백만 원이다. 더구나 숙소와 생활비까지 생각하면 사실 사회 초년생이나 학생 입장에서는 부모님 도움 없이 유학 생활은 꿈도 못 꿀 일이다. 설상가상 일본어도 초급이라면 아르바이트 자리 구하기도 쉽지 않다. 이런 어려움을 한꺼번에 해결할 수 있는 방법이 바로 일본 신문 장학생 제도이다.

한국과 달리 일본의 신문 배달은 조간과 석간 배달, 그리고 수금까지 모두 한 사람의 몫이라서 일이 제법 고되다. 그러다 보니 일본 신문사로서는 신문 배달을 하려는 일본인들을 구하기가 여간 어려운 게 아니었다. 그래서 유학생들을 대상으로 신문 장학생 제도를 만들게 된 것이다. 일본 신문사에서 어학연수 비용은

물론 월급과 숙식까지 제공해 주니 돈 없이도 일본 유학 생활을 시작할 수 있다. 다만 새벽부터 저녁까지 고된 일과 공부를 병행해야 하므로 육체적인 부담이 된다. 사실 어학연수 비용만 해도 월급에서 공제하는 것이라 '신문 장학생' 취지에는 어긋나지만 일본에서 줄곧 신문 장학생으로 지내다 일본의 전문학교나 대학 등의 상급 학교로 진학할 경우에는 그야말로 순수한 장학금을 신문사에서 제공하기 때문에 혼자 힘으로 대학 졸업도 바라볼 수 있다. 한국의 포털사이트에 '신문 장학생'으로 검색해 보면 신문 장학생 신청을 대행해 주는 여러 유학원이나 업체들이 있으니 신중하게 선택해 보자.

JET 프로그램

일본에서 스스로 일자리를 구해야 하는 워킹홀리데이 비자와 달리 JET 프로그램The JAPAN Exchange and Teaching Programme은 일본 정부에서 국제교류원이나 외국어 지도 조수로 일할 사람을 모집하는 프로그램이다. 매년 가을에 일본 대사관 사이트에 모집 공고가 올라오는데, 일본어능력시험 N1 자격은 물론 한국어 실력도 우수해야 한다. 2차까지 시험을 보는데 모집 인원이 적기 때문에 워킹홀리데이 비자보다도 경쟁률이 훨씬 높다. 합격한 경우 1년간 일본에서 근무하게 된다. 연간 보수로 1년차는 336만 엔 정도, 재임용되는 경우 2년차는 360만 엔 정도, 3년차는 390만 엔 정도이다. 일본어와 한국어 실력이 우수하고 이곳저곳 여행하기보다는 일본에서 안정적으로 국제교류 관련 일을 하고 싶다면 JET 프로그램에 도전해 볼 만하다. 일본대사관 사이트를 통해 좀 더 자세한 정보를 확인할 수 있다.

일본 생활 성공 Tip

워킹홀리데이 비자의 최대 장점은 1년 동안 일을 하면서 자유롭게 여행을 즐길 수 있다는 점이다. 어찌 보면 평생의 단 한 번뿐인 소중한 기회인데 다른 것도 아닌 서툰 언어 실력 탓에 망칠 수는 없는 일! 출국 전에 유튜브 무료 동영상 등을 이용하여 일본어 실력을 미리미리 쌓아 두고, 현지에서 꾸준히 배워 나간다면 최소한 일본어에 덜미를 잡혀 한인타운 같은 한정된 지역에서 그것도 몸으로 때우는 아르바이트만 하다 안타깝게 귀국하는 일은 없을 것이다.

현지 일본어 공부 계획

1 작은 일본어 노트를 준비하여 현장에서 배운 일본어를 기록한다.
2 모르는 일본어는 일본인에게 꼭 확인하여 빨간 펜으로 체크해 둔다.
3 하루하루 10줄 정도의 일본어 일기를 써서 일본인에게 수정해 달라고 부탁한다.

02 일본 워킹홀리데이 비자 신청하기

신청 방법

일본대사관 또는 일본총영사관에 구비 서류를 직접 제출하여 접수한다. 가족을 통한 대리 접수의 경우 가족임을 증명하는 서류가 필요하며, 각 공관에서 사증 신청을 허가한 지정 여행사를 통해서도 접수할 수 있다. 서류별 신청서 작성법은 본 책의 후반 Part 8에서 자세히 설명한다.

신청 기간

1년에 4회(1월, 4월, 7월, 10월)에 걸쳐서 접수를 받는다. 자신의 관할 영사관은 주민등록지 주소를 기준으로 확인하며, 정확한 접수 기간은 매년 12월 말에 일본대사관 홈페이지를 통해서 공지하고 있다.

주대한민국 일본국대사관 홈페이지: http://www.kr.emb-japan.go.jp

결과 발표

합격자 발표일에 각 공관 홈페이지에 공지 및 합격자 개인에게 통지서(엽서)를 발송한다.

신청 자격

1 대한민국 국민이며, 주된 목적은 일본에서 휴가를 보내기 위해 입국할 의도를 가져야 한다.
2 신청자의 나이는 사증 신청 시점에서 18세 이상 25세 이하여야 한다. (군필자인 남성 또는 부득이한 사정이 있다고 인정되는 경우에는 30세까지도 신청할 수 있다.)

3 신체 건강하며, 이전에 일본 워킹홀리데이 제도를 이용한 적이 없어야 한다.
4 자녀를 동반하지 않아야 한다.
5 귀국 시 항공권을 구입하기에 충분한 자금과 일본 생활 초기에 생계를 유지할 수 있을 만큼의 자금을 소지해야 한다.(약 250만 원)
6 일본에서 생활하기 위한 최저한도의 일본어 능력을 갖추고 있거나 습득할 열정이 있어야 하며, 사증 신청 시와 발급 시에는 반드시 대한민국에 있어야 한다.

신청 장소

주대한민국 일본국대사관 영사부: 현주소가 부산총영사관 또는 제주총영사관의 관할 이외인 자
위치 서울특별시 종로구 종로 1길 42 이마빌딩 7층

재부산일본국총영사관: 현주소가 부산, 대구, 울산광역시, 경상남·북도인 자
위치 부산광역시 동구 고관로 18

재제주일본국총영사관: 현주소가 제주특별자치도인 자
위치 제주특별자치도 제주시 1100로 3351

준비 서류

[필수 제출서류]
① 사증신청서(가로 4.5cm x 세로 4.5cm 사진 부착)
② 이력서
③ 이유서 (워킹홀리데이 제도를 이용하고 싶은 이유를 적은 진술서)
④ 계획서 (워킹홀리데이 제도로 일본에 입국해서 무엇을 하고 싶은가를 적은 진술서)
⑤ 조사표

❻ 기본증명서
❼ 주민등록증(앞, 뒷면) 복사 또는 주민등록등본 또는 주민등록초본 세 가지 중의 하나
❽ 재학증명서(휴학증명서도 가능) 또는 최종 학력을 증명하는 졸업증명서 등의 자료

> 1 일본에서의 유학 경험이 있는 자는 재적한 학교의 졸업증 또는 수료증 제출
> 2 한국 및 일본 이외 국가 등의 대학이나 대학원을 졸업 및 수료한 경우로 일본어, 한국어 및 영어 이외의 언어로 츠인 증명서인 경우 번역 첨부

❾ 워킹홀리데이 이후에 귀국하기 위한 항공권을 구입할 수 있는 자금 및 일본에서의 체재 초기에 생계를 유지하기 위한 자금(약 250만 원)을 소지한 것을 증명하는 은행 발행의 입출금거래내역서 (신청인 본인이 아닐 경우 부모님 명의의 잔액 증명도 가능하며 관계증명서 추가 제출)
❿ 여권 사본

> 1 신분사항란은 확대 및 축소 또는 컬러복사 금지. 일본출입국력이 있는 경우 출입국 도장이 있는 페이지 전부
> 2 신청 전 3년 이내에 90일 이상 해외 출입국 사실이 있는 경우 해당 사증 및 출입국 도장이 있는 페이지 전부

⓫ 출입국사실증명서 (기간은 출생 이후부터 현재까지)

[해당자 제출서류]

⓬ 병적증명서 (해당자에 한하며 병역을 필한 것을 증명할 수 있는 서류, 주민등록초본과 겸용)
⓭ 일본어능력 입증 자료 (일본어능력시험 또는 일본어학교의 수료증서 등)

워킹홀리데이 비자 서류 작성 **Tip**

❶~❺번 서류는 신청자가 작성하며 관할 지역 영사관의 소정 양식에 따라서 영어로 기입해도 되지만 일본어로 기입하는 것이 합격에 유리하다. 일본어를 잘 모른다면 구글 번역기라도 이용하자.

❻, ❼, ⓫, ⓬번 서류는 주민센터 또는 인터넷 민원24 홈페이지에서 발급받을 수 있다. 일본출입국력이 없는 자도 〈해당사항 없음〉의 출입국사실증명서를 발급받는다.

❽번 서류는 해당 학교 또는 인터넷에서 발급받을 수 있다.

❾번 서류는 해당 은행에서 발급받을 수 있으며, 통장 사본이 아니라는 점에 주의하자.

⓭번 서류는 일본 워킹홀리데이 합격에 중요한 포인트라 할 수 있으며, 일본어능력시험 자격증 또는 일본어학교의 수료증서 및 수강증명서 등 기간에 상관없이 일본어를 배운 적이 있다면 무조건 증명하는 것이 좋다.

워킹홀리데이 비자 관련 Q & A

Q 일본어능력 입증 자료가 없는데 워킹홀리데이 비자를 신청할 수 있는가?

A 일본어능력 입증 자료는 심사에 유리하게 작용하겠지만 입증 자료가 없어도 신청할 수 있다. 다만 앞으로의 일본 생활을 원만하게 하려면 지금부터라도 차근차근 일본어를 공부해야 한다.

Q 주민센터나 학교, 은행에서 발급받는 서류는 한글로 준비하는가?

A 주민등록등초본 및 기본증명서 등 주민센터에서 발급받는 서류는 한글로 준비하며, 그 밖의 학교, 은행 등의 모든 서류는 영어로 준비한다.

Q 일본에 간 적이 없는 경우에도 출입국사실증명서를 제출하는가?

A 일본 출입국 사실이 없는 경우에도 〈해당사항 없음〉의 출입국사실증명서를 반드시 제출한다.

Q 비자 발급 후 언제까지 일본에 가야 하는가? 재발급 또는 연장할 수 있는가?

A 비자 발급 후 1년 이내에 반드시 일본에 입국해야 하며, 입국 후 1년간 체류할 수 있다. 비자 만료 후 연장은 불가능하며 반드시 귀국해야 한다. 만약 워킹홀리데이 비자 발급 후 1년 이내에 일본에 입국하지 않는다면 비자는 자동 소멸되며, 재발급되지 않는다.

Q 25세 이상은 신청이 불가능한가?

A 경우에 따라서 신청할 수 있다. 원칙상 신청 자격은 사증 신청 시점에서 18세 이상 25세 이하로 규정하고 있지만, 부득이한 사정이 있다고 인정되는 경우에는 만 30세까지 신청할 수 있다. 따라서 25세 이상의 신청자는 이유서 작성 시 부득이한 사정에 대해서 설득력 있게 작성하는 것이 중요하다.

3 일본 대표 도시

도쿄 東京

일본의 수도 도쿄는 인구 1,300만 명의 대도시로 한국의 서울보다도 인구밀도가 높다. 일본의 정치, 경제, 문화의 중심지로 일본어학교는 물론 대학과 전문학교가 가장 많아서 항상 유학 1순위로 꼽힌다. 일자리가 많고 한인타운이 조성되어 있어 일본어 초급자도 어렵지 않게 아르바이트를 구할 수 있다. 대신 방값은 일본에서 가장 비싸다.

주요 관광지 신주쿠, 이케부쿠로, 하라주쿠, 아사쿠사, 롯폰기, 오다이바, 아키하바라 등

오사카 大阪

인구 약 880만 명의 일본 제2의 도시로 한국의 부산에 비유된다. 도쿄 못지않게 문화와 교육이 발달했고 일자리도 많은 편이다. 특히 맛있는 음식이 많기로 유명하고 주위에 교토와 나라처럼 일본 전통문화를 체험할 수 있는 곳이 많다. 2011년 동일본 대지진 이후 방사능 안전 지역을 찾는 사람들이 늘면서 최근에는 오사카가 도쿄만큼 인기가 높아졌다. 단, 일본어학교에서는 표준어를 배우지만 일상생활에서는 주로 오사카 사투리를 쓴다는 점을 기억해 두자.

주요 관광지 오사카 성, 시텐노지, 유니버셜 스튜디오, 도톤보리, 신사이바시 등

교토 京都

일본의 역사와 전통이 살아 있는 도시로 우리나라의 경주에 비유된다. 헤이안 시대에는 지금의 도쿄와 같은 정치와 경제, 문화의 중심지였으며, 이런 역사적 사실은 일본을 대표하는 교토 곳곳의 유적지에서 확인할 수 있다. 또한 일본에서 두 번째로 역사가 오래된 교토 대학이 여전히 그 명맥을 유지하면서 아시아 노벨상의 산실이라 불리는 점에서는 부러움의 대상이 아닐 수 없다.

주요 관광지 헤이안 신궁, 청수사, 금각사, 은각사 등

고베 神戶

일본에서 여섯 번째로 큰 도시 고베는 일본 제3의 무역항이다. 1995년 진도 7.2의 대지진을 겪고 나서 이를 교훈 삼아 재건에 성공한 무역도시이자 최근에는 환경 친화적 도시로 부각되고 있다. 오사카 중심부까지 전철로 약 40분 거리에 위치하고 있어 교통이 발달한 위성도시로서의 성격도 띠고 있다. 일자리는 번화한 오사카에 더 많지만, 조용하고 한국인이 적은 곳을 찾는다면 고베를 추천한다.

주요 관광지 산노미야, 포트아일랜드, 아리마 온천, 롯코 산 등

나고야 名古屋

일본에서 네 번째로 인구가 많은 지역으로 나고야 항은 요코하마, 고베에 이은 국제 무역항이다. 도요타, 미츠비시 등 글로벌 자동차 기업들이 본사를 둔 일본의 대표 공업 도시이기도 하다. 중부지방의 경제, 문화, 교통의 중심지로 도쿄와 교토 사이에 위치한다. 여름은 많이 덥지 않고 겨울은 온화해서 생활하기 좋다. 한국인이 적은 곳을 찾는 사람들에게 추천한다.

주요 관광지 나고야 성, 아츠타 신궁, 도요타 산업기술기념관, 도쿠가와 미술관 등

나가노 長野

혼슈 중앙부에 위치한 나가노는 해발 3,000m 급의 산들로 둘러싸여 있어 일본의 지붕으로 불린다. 철도 산업이 발달한 교통의 요충지로 상업이 활발하게 이루어지는 도시이다. 1998년에 나가노 동계올림픽이 개최된 지역인 만큼 스키장과 호텔 등 겨울 휴양지 일자리가 꽤 많다. 산림욕과 온천 등 자연 관광지가 많으며 2014년 9월 온타케 산 화산이 분화한 곳으로도 유명하다.

주요 관광지 시가 고원, 노자와 온천, 지고쿠다니 야생 원숭이 공원 등

후쿠오카 福岡

규슈 지방의 중심 도시로 사계절 내내 기후가 온화하여 언제라도 여행하기 좋은 곳이다. 부산에서 페리를 타고 3시간 만에 갈 수 있어서 한국 관광객이 특히 많이 찾는다. 일본의 3대 지역 라면 중 하나인 하카타 라면이 유명하다.

주요 관광지 다자이후덴만구, 후쿠오카 타워, 덴진, 하카타 리버레인 등

요코하마 横浜

일본을 대표하는 항구 도시로 도쿄 다음으로 인구밀도가 높다. 사계절이 뚜렷하며 일교차가 작고 온화한 것이 특징이다. 교통이 편리하여 도쿄까지는 전철로 30분 정도밖에 걸리지 않는다. 일본에서 처음으로 서양 문물이 전해진 곳답게 이국적인 분위기가 물씬 풍기는 도시이다. 여름에는 불꽃놀이, 겨울에는 일루미네이션 관련 축제가 유명하다. 표준어를 사용하면서 한국인이 많지 않은 곳을 찾는 사람들에게 추천한다.

주요 관광지 미나토미라이21, 차이나타운, 야마시타 공원, 모토마치, 신요코하마 라면 박물관 등

삿포로
札幌

홋카이도의 중심지인 삿포로는 겨울 평균 기온 영하 7℃, 여름 26℃로 냉량한 지역이다. 매년 2월에는 일본 최대의 겨울 축제인 삿포로 눈축제가 열려 해마다 이를 즐기기 위해 전 세계에서 관광객들이 찾는다. 특히 호텔, 스키장과 같은 휴양 시설의 인력이 부족해서 워홀러들의 취업에 유리한 것이 특징이다. 겨울 스포츠를 좋아하고 대도시보다 자연이 좋다면 적극 추천한다.

주요 관광지 오타루, 오도리 공원, 삿포로 맥주 박물관 등

오키나와
沖縄

일본 열도의 가장 남쪽에 위치한 오키나와는 일본의 하와이로 불릴 만큼 에메랄드빛 바다와 해안이 아름다운 섬이다. 일 년 내내 온난한 기후를 자랑하는 덕분에 스노클링이나 스쿠버다이빙 같은 해양 스포츠를 다양하게 즐길 수 있다. 리조트 산업이 발달한 곳이라 일본어 초급자만 아니라면 일자리도 쉽게 구할 수 있다.

주요 관광지 슈리 성, 한국인 위령탑, 오키나와 월드, 만좌모, 추라우미 수족관

4 도쿄 주요 지역

신주쿠 新宿

신주쿠는 하루 약 300만 명의 사람들이 오가는 일본 도쿄의 중심지이다. JR 야마노테 선 신주쿠 역을 중심으로 일본 최대의 유흥가 가부키쵸歌舞伎町가 있는 동쪽 출구 주변은 이세탄, 마츠코시 같은 유명 백화점들과 빅카메라 같은 대형 전자 매장이 모여 있어 도쿄의 트렌드를 선도한다. 또한 고급 레스토랑과 다양한 멀티숍이 있어 연중 전 세계의 관광객으로 인산인해를 이룬다. 도쿄도청東京都庁을 중심으로 비즈니스타운을 형성하고 있는 서쪽 출구 주변은 밤이면 도쿄의 야경을 무료로 감상할 수 있는 곳이 많다. 남쪽 출구 주변은 일본의 국민 공원 신주쿠교엔新宿御苑과 다카시마야 백화점 등이 있어 여유롭게 산책과 쇼핑을 즐길 수 있다. 특히 다카시마야 타임즈 스퀘어 Takashimaya Times Square는 일루미네이션 명소로 손꼽히는 곳이다.

하라주쿠 原宿

하라주쿠는 일본 젊은이들의 개성이 물씬 느껴지는 패션과 문화의 중심지이다. JR 야마노테 선 하라주쿠 역을 중심으로 메이지도오리까지 이어지는 다케시타도오리는 여행객은 물론 일본의 10대들이 즐겨 찾는 아기자기한 상점과 맛집들이 즐비하여 현재 일본의 트렌드를 체감할 수 있다. 도심 속 오아시스로 불리는 요요기 공원

代々木公園은 18,000여 그루의 나무가 있으며, 주말이면 다양한 이벤트와 벼룩시장 등이 열려 젊음과 활기가 넘치는 곳이다. 메이지신궁明治神宮에서 아오야마도리까지 느티나무를 따라 걷다 보면 자연광을 최대한 활용한 복합시설인 오모테산도힐즈를 볼 수  있는데, 이곳에는 약 100여 개의 상점이 입점해 있어 패셔니스타들의 쇼핑지로 인기가 높다. 또한 아이들을 위한 캐릭터 상품 전문백화점인 키디랜드는 자녀를 둔 관광객들의 필수 코스로 자리 잡은 지 오래다.

시부야 渋谷

시부야는 이 지역을 상징하는 쇼핑몰인 이치마루큐를 중심으로 파르코, 세이부, 도큐핸즈 등 이름만 들어도 알 수 있는 유명한 건물들이 즐비한 쇼핑과 젊음의 거리이다. 우리나라의 강남에 해당하는 곳으로 어디서나 젊은이들로 붐비는 도쿄의 명소이다. 특  히 이곳은 일본 애니메이션이나 J-POP 등 일본 대중문화에 관심이 있다면 꼭 둘러봐야 할 코스이다. 시부야의 랜드마크인 마크시티에는 상점, 사무실, 호텔 등 다양한 시설이 입점해 있으며, 큐프론트Q-Front에 입점한 일본 최대 규모의 스타벅스는 시부야를 한눈에 내려다볼 수 있어 늘 관광객들로 붐비는 곳이다. 그리고 시부야를 찾는 사람들은, JR 야마노테 선 시부야 역을 중심으로 출구가 여러 군데 있지만 충견 하치코ハチ公의 동상이 언제나 그 자리에서 만남의 장소로 자기 역할을 다하고 있으니 길 잃을 걱정은 하지 않아도 된다.

오다이바 お台場

오다이바는 일본 젊은이들 데이트 코스의 종합선물세트 같은 곳이다. JR 야마노테 선 신바시 역에서 바다 위를 달리는 무인 열차인 유리카모메를 이용하면 쉽게 갈 수 있다. 유리카모메 아오미 역 주변의 팔레트타운에서는 오다이바의 유명한 대관람차와 유럽형 쇼핑타운 비너스 포트를 즐길 수 있다. 또한 도요타 메가웹은 도요타의 과거와 미래를 한눈에 볼 수 있는 다양한 부스와 함께 자동차 시승도 할 수 있어 관광객들에게 높은 인기를 얻고 있다. 다이바 역 주변에는 오다이바 해변 공원과 후지TV 방송국이 있으며, 약 18m의 실제 건담의 구조물로 유명한 해변 쇼핑몰 아쿠아시티 오다이바도 있다. 이 밖에도 1955년의 도쿄를 재현한 추억의 거리 다이바 잇쵸메 상점가와 홍콩의 화려한 밤거리를 재현한 다이바 쇼홍콩 등 다양한 테마파크가 사람들의 발걸음을 붙잡는다. 또 야경으로 유명한 레인보우브리지가 보이는 해변은 데이트족들의 사랑을 한몸에 받고 있다.

아키하바라 秋葉原

아키하바라는 최신 전자 제품부터 게임, 피규어 등 캐릭터 상품에 이르기까지 일본의 오타쿠 문화를 선도하는 지역이다. 이곳에서는 요도바시카메라, 이시마루 등 대형 전자 상가는 물론 일본의 대형 중고 서점인 북오프, 추억의 게임이나 장난감을 만날 수 있는 하비로비 도쿄, 가챠폰 회관 등을 만

날 수 있다. 이른바 오타쿠라 불리는 마니아들의 천국 같은 곳이다. 특히 메이드 복장의 코스프레 바텐더들로 운영되는 메이드카페는 다양한 이벤트 공간으로 관광객들의 인기를 얻고 있다.

아사쿠사 浅草

아사쿠사는 에도 시대의 정취를 지금껏 잘 간직하고 있는 전통 거리로 번잡한 도심 속에서 일본 전통문화를 고스란히 체험할 수 있는 곳이다. 아사쿠사의 입구에서 가미나리몬雷門이라는 홍등을 지나면 아사쿠사의 명물인 나카미세도오리가 나온다. 거리 양쪽에 늘어선 가게에서는 전통 과자, 기모노, 공예품 등 장인의 솜씨가 깃든 일본 전통품을 판매한다. 이곳에서는 기념품이나 선물을 그다지 큰돈 들이지 않고도 구입할 수 있다. 그리고 도쿄 최고의 절 센소지浅草寺에서는 길흉을 점치는 오미쿠지おみくじ로 점을 쳐보며 일본만의 소소한 재미를 느낄 수도 있다.

우에노 上野

우에노는 자연 공원과 다양한 박물관 등 문화와 예술을 즐길 수 있는 곳이다. 일본 제1호 공원인 우에노온시 공원上野恩賜公園은 메이지 유신 직전 우에노 전투가 벌어졌던 곳으로 현재는 박물관, 미술관, 동물원 등 다양한 문화 예술 공

간이 조성되어 시민들의 쉼터로 이용되고 있다. 벚꽃이 활짝 핀 봄이면 벚꽃놀이를 위해 수많은 인파가 찾는 곳으로 유명하다. 특히 온시우에노 동물원恩賜上野動物園은 일본에서 가장 오래된 동물원으로 약 500여 종의 동물을 만날 수 있다. 또한 우에노에는 한국의 남대문 시장처럼 활기가 넘치는 전통 시장인 아메요코ｱﾒ横 시장이 있어 개성 넘치는 일본의 풍물과 먹거리를 체험할 수 있다.

롯폰기 六本木

롯폰기는 낮보다 밤이 더 활기찬 도쿄 최고의 유흥가로 고급 레스토랑, 클럽, 바 등 성인들의 놀이 문화가 발달한 곳이다. 2003년 오픈한 쇼핑, 문화, 비즈니스 등의 복합 시설인 롯폰기힐즈는 롯폰기를 대표하는 상징으로, 이곳에서는 TV아사히, 모리 타워, 모리 미술관 등을 둘러보며 다양한 문화 체험을 할 수 있다. 특히 모리 타워 52층의 전망대 도쿄시티뷰는 해발 250m 높이로 도쿄 시내를 한눈에 전망할 수 있는 환상적인 뷰를 자랑한다. 또한 TV아사히에서는 방송국 체험과 함께 TV아사히의 제작 프로그램들을 만나 볼 수 있다. 해마다 연말이면 열리는 대규모의 일루미네이션 행사도 롯폰기를 찾는 이들에게 큰 즐거움을 준다.

긴자 銀座

긴자는 유명 백화점과 명품관, 고급 레스토랑 등이 즐비한 번화가로 흔히 서울의 압구정과 청담동에 비유된다. 에도 시대부터 현재까지 도쿄 상업의 중심지로서 쁘랭땅 긴자, 마츠코시, 마츠야 긴자 등 전통 있는 백화점들이 주오도오리를 따라 들어서 있다. 또한 일본 최초로 단팥빵을 만든 빵집 기무라야, 200년 넘는 전통의 긴자 마츠자키 센베, 파리의 카페를 그대로 옮겨 놓은 듯한 카페 쁘랭땅 등 유명하고 세련된 맛집들로 가득하다. 일본 대표 기업인 소니 스토어도 이곳에 있어 소니의 최신 제품을 체험해 보면서 현재 일본의 IT 트렌드를 엿볼 수 있다.

05 일본 어학연수 신청하기

일본 어학연수는 3개월 미만의 단기 어학연수와 6개월 이상에서 2년 이하의 장기 어학연수가 있다. 어학연수 신청은 직접 힘들여서 준비하기보다는 유학원을 통해 상담받고 안내받은 대로 필요한 서류만 준비하면 된다. 직접 현지 어학원에 신청하면 더 저렴할 것 같지만 그렇지도 않다. 어차피 비용은 마찬가지이니 처음부터 시간을 절약하기 위해서라도 유학원을 통해 등록하는 것이 좋다. 물론 체류 기간 동안 계속 어학원을 다녀야 하는 비자이므로 워킹홀리데이보다 비용은 훨씬 많이 든다.

단기 어학연수

단기 어학연수는 별도의 비자 수속 없이 체재 가능한 90일 이하의 기간을 이용하여 4주에서 3개월 정도 어학원에서 일본어를 집중적으로 공부하는 것을 말한다.

- **연수 기간** 4주~3개월
- **평균 연수 비용** 110,000~180,000엔 (3개월)
- **모집 학기** 1월, 4월, 7월, 10월
- **신청 기간** 해당 학기 1개월 전까지
- **아르바이트 가능 여부** 불가능

장기 어학연수

장기 어학연수는 어학원에서 6개월 이상 일본어를 공부하는 것으로, 입학을 위해서는 장기 체류(3개월 이상)에 필요한 유학 비자 신청과 발급이 선행되어야 한다. 일본어를 체계적으로 배워 일본의 대학이나 전문학교 진학을 희망하는 경우나 일본어 능력 향상을 목적으로 하는 경우가 해당된다.

- **연수 기간** 6개월~2년
- **평균 연수 비용** 330,000~430,000엔 (초기 6개월)
- **모집 학기** 1월, 4월, 7월, 10월
- **신청 기간** 해당 학기 6개월 전까지
- **아르바이트 가능 여부** 가능 (주 28시간)

단기 + 장기 어학연수

장기 어학연수 희망자가 비자 신청 시기를 놓쳐 원하는 학기에 입학할 수 없는 경우 단기+장기 어학연수를 선택하면 해결할 수 있다. 한국에서 장기 어학연수에 필요한 비자 신청을 마친 후 동시에 단기 어학연수로 떠나기 때문에 희망 학기에 입학할 수 있는 장점이 있으며, 비자도 일본 현지에서 변경할 수 있으므로 조기에 일본 출국을 희망한다면 추천한다. 단, 단기 어학연수 기간에는 아르바이트를 할 수 없다.

- **연수 기간** 9개월~2년 3개월
- **평균 연수 비용** 430,000~610,000엔 (초기 9개월)
- **모집 학기** 1월, 4월, 7월, 10월
- **신청 기간** 해당 학기 1개월 전까지
- **아르바이트 가능 여부** 비자 발급 후부터 가능 (주 28시간)

일본어학교 선택 Tip

❶ 역사와 전통
전통 있는 일본어학교일수록 일본어 교육의 많은 노하우를 갖고 있다. 공식 인가년월 정도는 확인해 두자.

❷ 지역
대도시가 아닌 경우에는 일본어 초급자는 언어 소통이나 구직 문제로 유학 또는 워킹홀리데이 생활이 어려움에 처할 수 있다. 인기 지역은 도쿄나 오사카처럼 누구나 적응하기 쉬운 대도시이다.

❸ 특징 (외국인 비율)
학교의 특징에 따라서 수업 분위기는 크게 달라진다. 단순 비자 취득을 위한 곳인지, 진학 또는 회화 중심의 학교인지를 따져 보고 자신의 어학연수 목적에 맞게 선택한다.

❹ 학비
도쿄와 오사카 같은 인기 도시의 경우 경쟁 심화로 교육의 질은 상향 평준화되어 있으며, 학기에 따라서 다양한 학비 할인 이벤트를 진행하는 곳도 있다. 할인 적용 학비를 따져 보고 자신에게 맞는 곳을 선택하자.

❺ 규모와 정원
학교의 규모는 클래스의 세분화와 직결된다. 현재의 레벨이 어중간하다면 세분화된 클래스로 대응이 가능한 일본어학교를 선택하는 것이 바람직하다.

❻ 대입 대책반 운영 여부
일본 어학연수 이후 대학 진학을 계획한다면 대입 대책반을 운영하는지 반드시 확인하고 선택해야 한다. 특히 EJU 커리큘럼 및 대학 진학 실적은 꼭 따져 보는 게 좋다.

06 출국 준비물

환전

일본의 통화는 엔(円)이며 환율은 한국 원화와 10배 정도의 차이가 있다. 동전은 1엔, 5엔, 10엔, 50엔, 100엔, 500엔 등 6종류가 있다. 지폐는 1,000엔, 2,000엔, 5,000엔, 10,000엔 이렇게 4종류가 있다. 일상생활에서 동전 사용률이 높은 편이다. 은행에서 환전할 때 우대 가능한 쿠폰을 이용하거나 인터넷 환전을 이용하면 환전 수수료를 아낄 수 있다. 초기 정착 비용은 5만~10만 엔 정도가 적당하며, 현지에 도착하면 교통비 등 현금이 필요하므로 1,000엔이나 10,000엔 단위로 환전해 가야 편리하다. 그 이상의 금액은 해외에서 사용할 수 있는 카드 계좌를 개설하여 예금해 두고 현지 통화를 바로 인출할 수 있는 국제현금카드를 이용하는 것이 좋다. 국제현금카드의 경우 일본 생활 초기에 다급할 때는 한국에서 도움도 받을 수 있는데다 수수료도 저렴하여 대부분의 유학생이나 워홀러들의 필수품이라 할 수 있다. 그 밖에도 수수료가 저렴하다는 이유로 현지 사설 송금 업체를 통해서 환전 거래를 하는 경우도 있는데, 사설 업체의 경우 사기를 당할 위험이 있으니 조심해야 한다.

여권

다른 나라로 가기 위해서는 꼭 필요한 것이 바로 여권이다. 일반적으로 발급받을 수 있는 여권으로는 1회의 입출국만 가능한 1년짜리 단수여권과, 5년 이하, 5년, 10년의 복수여권이 있다. 워홀러는 군 복무 전인 남성 이외에는 10년 유효기간의 복수여권을 준비하면 된다. 비자 사증이 붙어 있는 여권은 일본 입국 시에 반드시 필요하기 때문에 출국 전에 챙겨야 할 필수품이다.

국제운전면허증

국제운전면허증은 일시적으로 외국 여행을 할 때 여행지에서 운전할 수 있도록 발급되는 운전면허증이다. 우리나라 운전면허증이 있다면 전국 운전면허시험장 및 경찰서에서 간단히 발급받을 수 있다. 이렇게 국제운전면허증을 준비하면 현지에서 비교적 시급이 높은 운전 관련 아르바이트를 할 수도 있고 직접 차를 렌트해서 여행을 다닐 수도 있으니 여러모로 유용하다. 국제운전면허증으로 운전할 때는 반드시 우리나라 면허증과 여권을 함께 소지해야 한다는 점도 알아 두자.

국제현금(체크)카드

한국씨티은행의 국제현금(체크)카드는 수수료가 저렴하고 현지 통화를 ATM에서 바로 인출할 수 있어서 유학생이나 워홀러들 사이에서 인기 있는 국제카드이다. 외국 생활 중 급한 일이 있을 때는 한국에서 신속하게 송금이 가능하다는 장점이 있으니 반드시 챙기는 것이 좋다.

일본어자격증 또는 공인 자격증 (사본)

취업 또는 진학할 때 필요한 경우가 있으며, 사본으로 챙겨 가면 유용하게 쓸 수 있다.

이력서

일본 워킹홀리데이에서 가장 걱정되는 부분이 바로 구직일 텐데, 이 구직 활동이 이력서 작성에서부터 시작된다. 일본에서는 이력서를 작성할 때 '자필'을 원칙으로 한다. 일본 이력서 양식은 인터넷에서 쉽게 구할 수 있으니 넉넉히 준비해 가면 현지에서 사지 않아도 되니 비용을 절약할 수도 있다. 이력서에 첨부할 사진과 한자 도장도 반드시 챙겨야 한다.

노트북

일본은 한국과 거의 동일한 인터넷 환경이 구축되어 있는 나라이다. 최근에는 스마트폰의 핫스팟 기능을 연결하여 인터넷 접속이 가능하기 때문에 노트북 쓸 일이 많다. 기숙사나 공동 숙소 생활에 대비하여 분실 방지용 잠금장치를 준비하면 안전하게 이용할 수 있다. 물론 평소에 컴퓨터를 사용할 일이 많지 않다면 스마트폰으로 대체할 수 있으니 굳이 가져갈 필요가 없다. 현지의 유학생 센터나 학교 또는 PC방을 이용하면 된다. 하지만 최근 들어 워홀러들 사이에서 블로그 활동으로 현지 소식을 한국의 가족이나 지인에게 전하는 것이 트렌드처럼 자리 잡으면서 노트북은 선택이 아닌 필수가 되었다.

디지털 카메라

일본 워킹홀리데이는 평생에 단 한 번 얻을 수 있는 기회이다. 그 1년 동안의 소중한 추억을 고스란히 함께할 카메라야말로 빼놓을 수 없는 목록일 것이다. 일본 생활 브이로그나 생활 정보를 영상으로 찍어서 유튜브에 올려보자. 자신의 추억도 저장하고 정보도 공유하고 부가적으로 광고 수익도 벌 수 있다. 혹시

라도 디지털 카메라가 없다면 한국보다 일본이 더 저렴하니 현지에서 구입해도 늦지 않다.

110V 플러그

일본의 전압은 110V로 일본에서 한국 전자 제품을 사용하려면 일명 '돼지코'라는 플러그가 필요하다. 일본에서도 한인 슈퍼마켓 같은 곳에서 살 수 있지만 한국의 다이소 매장에 가면 500원이면 살 수 있으니 미리 준비해 가자.

세면도구, 화장품

아직 일본어가 서툰 초급자의 경우 치약, 칫솔, 비누, 기초 화장품 등을 하나씩 준비하면 좋다. 일본어가 능숙하면 쉽게 구할 수 있겠지만, 그렇지 않은 경우 당장 필요할 테니 꼼꼼히 챙겨 가도록 하자.

비상약품

소화제, 진통제, 종합감기약, 멀미약 같은 비상약품은 챙겨 가면 도움이 된다. 특히 붙이는 파스의 경우 일본보다 한국 제품이 더 저렴하니 미리 챙겨 가자.

전기장판

일본에서 따뜻하게 겨울을 나려면 전기장판이나 전기요 하나쯤은 있어야 한다. 겨울의 일본 집은 바깥보다도 실내가 더 추운 편이다. 추위를 많이 타는 사람은 전기장판이나 전기요를 챙겨 가는 것이 좋다. 일본에도 전기장판이나 전기요가 있지만 아무래도 한국 제품에 비해서 만족도가 떨어진다.

일본어 교재 및 여행 가이드북

언어는 자신감! 아는 만큼 일본 생활이 자유로워지고 즐거워진다. 참고가 될 만한 책 한두 권쯤 챙겨 가면 분명 도움이 된다.

식품

일본에서는 한국 식품을 쉽게 구할 수 있기 때문에 굳이 바리바리 싸들고 갈 필요가 없다. 일본에서 필요하면 언제든 한국 가게를 이용하면 된다. 또 한국에서 EMS로 보내도 2, 3일밖에 걸리지 않으니 필요한 경우 소포로 받는 것도 좋겠다.

1. 입국 심사와 체류카드 발급
2. 공항에서 시내 찾아가기
3. 숙소 구하기
4. 거주지 등록 & 국민건강보험
5. 공중전화, 휴대전화, 인터넷 카페

Part 2

초기 정착 정보

01 입국 심사와 체류카드 발급

입국 심사

일본 공항에 도착하면 일본 생활에서 가장 중요한 ID 카드라 할 수 있는 체류카드在留カード와 유학 비자로 온 학생은 아르바이트 활동을 인정하는 자격외활동허가 도장을 받아야 한다.

입국 절차

체류카드 在留カード

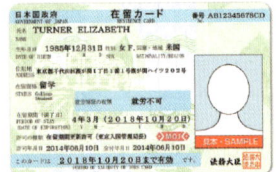

체류카드는 출입국관리법상의 재류자격을 갖고 적법하게 일본에 중장기간 체류하는 외국인에게 교부되는 ID 카드이다. 2012년 7월 이전에는 외국인등록증이란 이름으로 거주지의 구청이나 시청에서 발급받을 수 있었지만, 2012년 7월에 법이 바뀌면서 일본 공항에서 바로 발급받는다. 체류카드는 재류자격 변경이나 기간 연장, 통장 개설, 휴대전화 개통, 집 계약 등 모든 활동에 있어서 신분증으로 사용하기 때문에 항상 소지해야 한다. 만약 분실하거나 훼손했을 경우 관할 출입국관리국에서 재발급받도록 한다. 유학 또는 워킹홀리데이의 경우 공항 도착 후 입국 심사 시 반드시 체류카드를 발급받게 되어 있다.

자격외활동허가 資格外活動許可

워킹홀리데이 비자와 달리 유학 비자의 경우 아르바이트를 하기 위해서는 반드시 자격외활동을 허가받아야 한다. 입국 심사 시 여권과 함께 자격외활동허가서를 작성하여 제출하면 쉽게 받을 수 있다. 간혹 심사관이 놓치는 경우도 더러 있으니 발급받은 체류카드의 뒷면을 반드시 확인하자. 체류카드 뒷면 하단에 '허가許可' 도장이 있어야 한다.

주소 등록은 어디서?
공항에서 체류카드를 발급받았다면 새로운 외국인 관리 제도에 따라서 일본의 거주 관할 구청이나 시청에서 14일 이내로 주소지 등록을 해야 한다.

체류카드를 분실했다면?
체류카드는 일본 생활에서 가장 중요한 ID 카드이므로 분실하게 되면 여러 가지 제약이 따르므로 반드시 재발급받아야 한다. 관할 출입국관리국에 재발급에 필요한 준비물을 확인하여 체류카드를 재발급받도록 하자.

준비물
1 여권
2 최근 3개월 이내의 증명사진 (3x4cm)
3 분실증명서 (분실 시 반드시 필요하며 가까운 경찰서에서 발급)
4 재발급 신청서 (출입국관리국에서 작성)

일본 관할 출입국관리국 : http://www.immi-moj.go.jp/korean/soshiki (한국어)

출국 전 알아 두세요.
일본에 도착 후 입국 심사 시 출입국 신고서와 휴대품 신고서를 작성하여 제출해야 한다. 여권의 개인정보와 일본의 숙소 정보를 참고하여 일본어 또는 영어로 작성하면 된다.

02 공항에서 시내 찾아가기

무사히 도착 로비를 밟았다면 이제 정해진 목적지를 찾아가야 한다. 일본은 공항에서부터 주요 도시의 역까지 한국어 안내 서비스가 잘 되어 있다. 나리타나 하네다 국제공항의 경우 주요 도시까지 교통편이 좋아 안내소의 정보만으로도 어렵지 않게 목적지까지 이동할 수 있다.

도쿄 東京

도쿄의 철도 노선은 마치 거미줄처럼 얽혀 있어서 처음 접하는 사람은 어리둥절할 수 있지만 복잡한 만큼 빠르고 편리하게 원하는 목적지까지 이동할 수 있다. 공항에서 도쿄 시내로 가는 대표적 방법은 고속전철(나리타 익스프레스, 스카이라이너)과 리무진 버스 2종류이다. 일반적으로 비용이 저렴한 게이세이 본선京成本線 고속전철이나 리무진 버스를 많이 이용한다.

1 나리타 ↔ 도쿄 전철 이용 방법

전철은 나리타 국제공항에서 신주쿠, 닛포리 등 도쿄 주요 지역까지 36분~70분 정도 소요되며 중간 경유역의 유무에 따라서 소요 시간이 달라진다. 보통 주머니 가벼운 여행자들은 JR 닛포리 역이나 우에노 역까지 약 70분 만에 도착할 수 있는 게이세이 본선을 많이 이용한다. 요금은 고속전철의 약 1/3 값인 1,030엔이다. 다시 닛포리 역이나 우에노 역에서 JR로 환승하여 신주쿠, 시부야, 하라주쿠, 이케부쿠로 등 도쿄 시내로 갈 수 있으며 목적지에 따라 추가 요금(100~150엔)이 든다. 짐을 끌고 다녀야 하는 번거로움이 있긴 하지만 요금은 저렴하니 이 정도는 감수하자.

2 나리타 ↔ 도쿄 리무진 버스 이용 방법

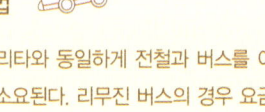

리무진 버스는 공항 도착 로비에서 티켓을 구매한 후 행선지에 따른 지정 승강장에서 타면 된다. 신주쿠, 도쿄 등 도심의 주요 역까지는 1시간 40분~2시간 정도 소요되며 짐이 많은 경우 무거운 짐을 가지고 번거롭게 이동할 필요가 없어서 편리하다. 요금은 3,200엔 정도로 다소 비싼 편이다.

3 하네다 ↔ 도쿄 전철 & 리무진 버스 이용 방법

하네다 국제공항에서 도쿄의 주요 지역까지는 나리타와 동일하게 전철과 버스를 이용할 수 있으며 시간은 1시간~1시간 20분 정도 소요된다. 리무진 버스의 경우 요금이 1,230엔(신주쿠 기준)이다. 전철의 경우 하마마츠쵸 역에서 JR로 환승하여 신주쿠, 시부야, 하라주쿠, 이케부쿠로 등 도쿄 시내로 갈 수 있다. 하네다에서 JR 하마마츠쵸 역까지 요금은 470엔이며 목적지에 따라 추가 요금(100~150엔)이 든다.

오사카 大阪

대개의 경우 간사이 국제공항에서 고속전철 라피트로 난바 역까지 이동한 후 일반 전철을 타고 오사카 또는 우메다, 신사이바시, 사카이스지 등의 경로로 이동한다. 난바 역까지는 고속전철인 라피트와 급행, 보통 열차를 이용할 수 있다. 소요 시간은 라피트가 38분으로 가장 빠르며, 급행은 50분, 보통은 1시간 이상이다. 요금은 보통과 급행 열차가 920엔으로 같고 라피트가 1,430엔으로 빠른 만큼 다소 비싸다. 또한 간사이 국제공항 11번 승강장에서 리무진 버스로도 갈 수 있는데, 난바 역까지 50분 정도 소요되며 요금은 1,100엔이다.

교토 京都

교토는 간사이 국제공항에서 리무진 버스를 이용하는 것이 가장 편리하며, 요금은 2,550엔이다. 공항 8번 승강장을 이용하며, 교토 역까지는 약 1시간 30분~2시간이 소요된다. 버스 승강장에서부터 하차할 때까지 한국어 안내가 있기 때문에 목적지까지 쉽게 도착할 수 있다.

고베 神戸

고베까지 갈 경우 간사이 국제공항 6번 승강장에서 리무진 버스를 이용하면 된다. 요금은 1,950엔으로 산노미야 역까지는 1시간 20분 정도 소요된다.

후쿠오카 福岡

하카타, 덴진 등의 주요 도시까지는 전철보다 리무진 버스가 편리하다. 약 20분이 소요되며 요금은 260엔이다. 하카타 역을 통해서 유명 온천지인 유후인에 갈 수 있으며, 학문의 신을 모신 다자이후덴만구는 덴진 역에서 전철로 갈 수 있다.

나가노 長野

나가노는 국제공항이 없기 때문에 주로 나리타 국제공항에서 게이세이 본선京成本線을 이용하여 JR 우에노 역까지 가서 나가노 신칸센 아사마로 갈아타고 이동한다. 2시간 정도 소요되며 요금은 약 7,770엔이다.

홋카이도 北海道

신치토세 공항을 이용하며 삿포로, 오타루, 노보리베츠 등 홋카이도의 주요 도시까지는 에어포트エーアポート 열차를 이용한다. 일본에서 유일하게 운영하는 유학생과 워홀러를 위한 JR 홋카이도 워킹홀리데이 패스ワーキングホリデーパス를 이용하면 JR 홋카이도 선의 특급·급행과 보통 열차의 보통차 지정석에 무제한 승차할 수 있어 경제적이다. 3일권과 5일권이 있으며 요금은 각각 19,540엔, 23,140엔이다.

03 숙소 구하기

일본 집의 특징

일본 집은 바닥재에 따라 다다미, 플로링(마루), 카펫 이렇게 3가지로 나뉜다. 과거에는 전통 양식의 다다미 방이 많았지만, 최근 방이 2개 이상인 집에는 다다미와 플로링이 함께 있는 경우가 많다. 도쿄의 경우 겨울 바깥 날씨는 한국보다 따뜻할지 몰라도 집 안은 훨씬 춥다. 그러니 한국 같은 온돌 난방이 흔치 않은 일본 집에서는 난방 기구야말로 필수 옵션이다. 간혹 집을 구하다 보면 냉난방기 없이 월세가 싼 집이 나오는 경우가 있는데, 그렇다고 무턱대고 계약했다가는 직접 냉난방기를 설치해야 하는 일이 생길지도 모르니 신중히 알아봐야 한다. 또 한국과 달리 일본은 욕실과 화장실이 따로 되어 있어 둘 이상이 생활할 경우 편리하다. 방에는 오시이레押入れ라고 하는 붙박이 벽장이 있어 이것저것 수납하기 좋다.

다다미

일본 집의 전통 바닥재로 속에 짚을 5cm가량의 두께로 넣고 위에 돗자리를 씌워 꿰맨다. 보온과 습도 조절에는 효과적이지만 수명이 2년 정도밖에 안 되고, 오래되면 진드기 같은 해충이 생겨 피부병을 유발하기도 하므로 관리를 철저하게 해야 한다. 다다미 1장의 크기는 180cm x 90cm x 5cm(길이x넓이x두께)로 보통 이것을 1조라고 부른다. 부동산의 집 정보에서 4.5조, 6조처럼 조畳의 단위로 방 크기를 안내하고 있으니 알아 두면 편리하다.

플로링

한국의 마룻바닥을 떠올리면 이해하기 쉽다. 다다미나 카펫보다 관리하기 쉬워서 최근 인기가 높다. 반면에 겨울에는 마룻바닥이 차가워서 러그나 전기장판이 따로 필요하다. 또 위아래층 층간 소음에 신경 써야 하는 불편함도 감수해야 한다.

> **카펫**
>
> 입주 초기에는 촉감이 부드럽고 탄성이 좋아 괜찮지만 쉽게 오염되고 관리가 어렵다는 점 때문에 최근에는 점차 사라지는 추세다.

일본 집의 종류

일본 집은 아파트, 맨션, 단독주택으로 나뉘며, 집의 구조는 LDK로 나타낸다. L은 거실Living, D는 식사 공간Dining, K는 부엌Kitchen을 가리킨다. 방의 수는 LDK 앞에 숫자를 붙여 표시한다. 예를 들어 1DK는 방 하나에 식사 공간과 부엌이 있는 집이며, 2LDK는 방 두 개에 거실과 식사 공간, 부엌이 있는 집이라는 뜻이다.

> **아파트** アパート
>
>
>
> 우리나라 연립주택 같은 2층 건물을 일본에서는 보통 아파트라고 부른다. 독신자나 소가족이 주로 산다. 대부분의 일본 아파트 1층은 문만 열면 바로 밖이 보이는 구조라 독신 여성에게는 2층을 추천한다.

> **맨션** マンション
>
>
>
> 우리나라 아파트 같은 고층 건물을 일본에서는 맨션이라고 부른다. 우리나라 아파트처럼 대단지로 조성된 곳은 많지 않다. 도심에 있는 맨션은 우리나라 오피스텔 건물처럼 한 채씩 있는 경우가 많다.

단독주택 一戸建て

한국과 달리 일본의 주택가에는 단독주택이 많다. 일본 직장인들이 정원 딸린 단독주택에 사는 게 꿈이라고 말할 정도로 단독주택은 일본인에게 하나의 로망이다.

부동산 소개로 집 구하기

일본은 한국과 달리 전세는 거의 찾아볼 수 없고 월세가 일반적이다. 대개 보증금, 사례금, 중개수수료 등의 명목으로 월세의 4~6배에 해당하는 비용을 한꺼번에 내는데, 계약이 끝나도 돌려주지 않는다. 가령 월세가 70만 원이면, 계약 초기에는 최소 280만 원에서 최고 420만 원을 지불하는 것이 일반적이다. 일본에는 '히코시 빈보引越し貧乏'라는 말이 있는데, 이사引越し를 자주 다니면 가난뱅이貧乏가 된다는 뜻이다. 괜한 말이 아니다. 그래서 워킹홀리데이처럼 일본에서 1년 정도만 지낼 경우 부동산을 통해 직접 방을 구하는 것은 별로 추천하고 싶지 않다.

보증금 敷金

한국의 보증금과 같은 개념으로 '敷金 1'라고 되어 있으면 한 달 치 월세를, '敷金 2'라고 되어 있으면 두 달 치 월세를 보증금으로 내야 한다. 원칙적으로 나중에 이사할 때 돌려받을 수 있는 비용이지만 청소비, 수리비 등의 명목으로 많이 제하고 주기 때문에 얼마 돌려받지 못한다. 한국보다 보증금이 훨씬 적은 대신 이런 꼼수가 숨어 있었다.

사례금 礼金

집주인에게 고마움의 표시로 주는 돈으로 나중에 돌려받지 못한다. 이것도 집에 따라 월세의 한 달 치 또는 두 달 치를 낸다.

> **중개수수료** 仲介手数料
>
> 부동산에 지불하는 중개수수료로 보통 한 달 치 월세를 지불한다. 가끔 월세의 절반만 받는 곳도 있다.

> **월세** 家賃
>
> 집을 빌려 쓰는 대가로 추가적으로 다달이 내는 돈으로 일본은 월세가 선불이다.

일본에서 외국인이 집을 구하려면 넘어야 할 산이 참 많다. 앞에서 말한 초기 비용 이외에 일본인 보증인이 있어야 한다. 보증대행 회사에 수수료를 내고 일본인 보증대행을 요청할 수도 있지만 외국인에게 까다롭게 굴거나 현재 일이 있어야 집을 빌려준다는 경우가 많다.

부동산은 일본 부동산과 한인 부동산이 있는데, 각각 장단점이 있다. 일본 부동산은 물량이 많고 잘만 고르면 가격 대비 괜찮은 집을 구할 수 있는 반면 입주 조건이 까다롭다. 한인 부동산은 유학생의 사정에 맞게 초기 비용이 적게 들고 입주 조건도 덜 까다로운 집을 소개해 주는 반면 물량이 적어서 선택의 폭이 좁다.

산마루부동산: http://cafe.daum.net/SanMaru (한인)
퍼스트스텝: http://www.japanfirststep.com (한인)
선영부동산: http://cafe.daum.net/tokyolifestory (한인)
이치이부동산: http://cafe.daum.net/ichii-korea (한인)
홈즈: http://www.homes.co.jp (일본)
앳홈: http://www.athome.co.jp (일본)
에이블: http://www.able.co.jp (일본)
친타이: http://www.chintai.net (일본)
미니미니: http://minimini.jp (일본)

기숙사

기숙사는 일본어학교에서 직접 운영하는 기숙사와 사설 기숙사가 있다. 학교 기숙사라고 해서 학교 건물에 기숙사가 딸린 곳은 거의 없고 대부분 학교에서 좀 떨어진 곳에 위치한다. 학교 기숙사 비용이 저렴한 편이지만 시설이 오래된 곳이 많아 학생들은 사설 기숙사를 더 선호한다. 사설 기숙사는 주로 시내에 위치한데다 풀 옵션이기 때문에 비용은 좀 더 비싸다. 맨션 타입과 원룸 타입이 있으며 1인실과 2인실을 선택할 수 있다. 이 가운데 맨션 타입의 2인실이 저렴하고 인기가 높은 편이다. 대부분 3개월 단위로 계약하며 일본어학교의 학기 시작 한 달 전에 정확한 공실 여부를 확인할 수 있다.

먼슬리나비: http://monthlynavi.com
교리츠기숙사: http://www.kyoritsu.or.kr

게스트 하우스(셰어 하우스)

게스트 하우스는 보증금, 사례금, 중개수수료 등이 없고 TV, 냉장고, 가스레인지 등 가구나 가전제품이 구비되어 있어 외국인은 물론이고 지방에서 올라오거나 처음 독립하는 일본 젊은이들에게도 인기가 많다. 방은 1인실부터 공동 침실까지 다양하며 거실, 주방, 화장실 등은 공용이다. 비용도 매월 한 번씩 지불하면 되므로 단기 어학연수 학생이나 장기 여행자들 혹은 워홀러가 부담 없이 생활하기에 안성맞춤이다. 월세는 방에 따라 4만~10만 엔 정도 하는데 공과금이 포함된 곳도 있고 아닌 곳도 있다. 게스트 하우스의 장점은 뭐니뭐니해도 일본인을 포함하여 다양한 국적의 사람들과 함께 생활할 수 있다는 것이다. 여러 나라의 친구를 사귈 수 있고, 일본어 공부까지 덤으로 할 수 있는 공간인 셈이다. 하지만 혼자 조용히 지내기를 원한다면 피해야 할 곳이다. 보통 게스트 하우스는 일본인이 주로 이용하지만, 간혹 일본인이 없는 외국인 전용이나 한국인이 많은 곳도 있으니 미리 알아봐야 한다.

〈E게스트하우스〉와 같은 게스트 하우스 종합 검색 사이트에 들어가면 여러 게스트 하우스를 한 번에 검색할 수 있으며, 각 회사별 홈페이지에서 알아

볼 수도 있다. 특히 도쿄에 게스트 하우스가 가장 많다. 한국에서 미리 예약할 수 있는 곳도 있지만, 일본에서 방을 직접 보고 계약하는 것이 좋다.

오크하우스: http://www.oakhouse.jp/kr (일본어, 한국어, 영어)
사쿠라하우스: http://www.sakura-house.com/kr (일본어, 한국어, 영어)
크리에이트 게스트하우스: http://www.create-gh.jp/kr (일본어, 한국어, 영어)
히츠지부동산: http://www.hituji.jp (일본어)
도쿄 셰어하우스: http://tokyosharehouse.com (일본어, 영어)
소셜 아파트먼트: http://www.social-apartment.com (일본어, 영어)

룸 셰어

룸 셰어는 일본인 룸 셰어와 한국인 룸 셰어가 있다. 일본인 룸 셰어는 방이 여러 개인 집에서 방은 각각 따로 쓰고 주방과 화장실은 공동으로 쓰는 경우가 대부분이다. 한국인 룸셰어는 말 그대로 방 하나를 룸메이트가 되어 함께 나눠 쓰는 것이다. 일본인 룸 셰어는 어찌 보면 게스트 하우스와 비슷하다고도 볼 수 있는데, 게스트 하우스를 전문으로 운영하는 것은 아니어서 가격이 저렴한 편이다.

일본인 룸 셰어는 룸 셰어 전문 사이트에 올라온 집 정보를 보고 연락하거나 직접 사이트에 자신이 원하는 집의 위치와 가격 등을 올려서 방이 있는 사람들로부터 연락을 받는다. 한국인 룸 셰어는 다음 카페 등의 일본 관련 커뮤니티에서 구한다. 룸 셰어는 집에 따라 시설과 환경에서 차이가 있겠지만 다른 숙소에 비해 상대적으로 가격이 저렴하고, 일본인 룸 셰어는 현지인과 함께 생활할 수 있으며, 한국인 룸 셰어는 일본어가 서툴러도 쉽게 구할 수 있다는 장점이 있다.

룸셰어 재팬: http://roomshare.jp (일본어)
룸메이트 카페: http://www.rmcafe.jp (일본어)
룸셰어 네트: http://r-share.net (일본어)
룸셰어 룸메이트: http://roommate.jp (일본어)
동유모: http://cafe.daum.net/japantokyo (다음 카페)

레오팔레스21

먼슬리 맨션의 대표 회사로 보증금, 사례금, 중개수수료 등 초기 비용이 필요 없고, 침대, TV, 냉장고 등 가구와 가전제품이 모두 갖추어져 있다. 월세에 공과금이 포함되어 있어 전기와 온수 등을 마음껏 사용할 수 있다. 그렇지만 풀 옵션에 보증금도 없고 공과금도 모두 포함되어 있다 보니 월세가 비싸다. 계약 기간이 길수록 임대료가 저렴해지는 대신 계약 기간만큼 임대료를 일시불로 내야 한다. 레오팔레스21은 살다가 계약 기간 전에 나갈 경우 환불이 거의 안 되므로 기간을 고려해서 계약하는 것이 좋다. 아파트와 맨션 등 여러 형태의 주택을 보유하고 있으며 풀 옵션의 먼슬리 맨션뿐만 아니라 일반 임대도 함께 하고 있다. 한국 지사가 있어서 일본에 가기 전 미리 신청할 수 있다.

http://kr.leopalace21.com

홈스테이

홈스테이는 일본의 일반 가정에서 가족처럼 생활하며 문화와 언어를 배울 수 있다는 장점 때문에 많은 워홀러들이 선호한다. 하지만 지방이나 도시에서 떨어진 외곽이 주를 이루고, 한 달 이내의 단기 홈스테이가 많아서 장기 숙소를 원하는 사람에게는 마땅치가 않다. 또한 남에게 폐를 끼치지 않으려는 문화가 강한 일본 가정에서 홈스테이를 할 경우 그 가정의 예의범절과 규칙을 잘 지켜야 한다. 최근에는 한류의 영향으로 한국인의 인기가 높아져 운이 좋으면 가정의 구성원으로 다양한 문화 체험과 교류를 기대할 수 있다. 홈스테이 정보는 유학원 또는 '홈스테이웹'을 통해서 얻을 수 있으며, 일찍 마감되기 때문에 수시로 알아보는 것이 좋다.

http://www.homestayweb.com

04 거주지 등록 & 국민건강보험

거주지 등록

과거에는 일본에 도착하면 14일 이내에 거주 주소지의 관할 구청에서 외국인 등록을 하고 등록증을 발급받아야 했다. 하지만 2012년 7월부터 새로운 체류 관리 제도에 따라서 공항 도착 후 입국 심사 때 기존의 외국인등록증에 해당하는 체류카드를 바로 발급해 준다. 따라서 숙소에 도착 후에는 관할 구청에서 거주지 등록만 하면 된다. 등록은 관할 구청의 안내에 따라서 구청 내에 비치되어 있는 신고서住民異動屆를 작성하여 제출하면 된다. 일본 생활 초기에는 관공서나 은행 등 여기저기 등록할 일이 많기 때문에 한국과 일본의 한자 주소와 개인 연락처를 메모해서 다니면 도움이 된다.

〈거주지 등록이 완료되면 체류카드 뒷면에 주소지가 기입된다.〉

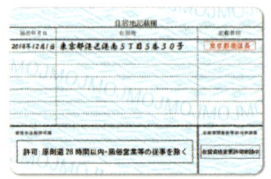

국민건강보험

외국 생활을 하다 보면 경제적인 이유로 건강보험 가입을 꺼리는 경우가 있는데, 혹시 모를 사고나 질병을 대비해서 꼭 가입하는 것이 좋다. 최악의 경우 모든 것을 포기하고 한국으로 귀국해야 하는 상황이 생길 수도 있기 때문에 외국에서 건강보험 가입은 선택이 아닌 필수이다. 특히 일본은 3개월 이상의 재류자격이 있는 경우 무조건 국민건강보험 가입을 원칙으로 하고 있다. 국민건강보험 미가입자는 훗날 비자 연장이나 재류자격 변경 시 불이익이 있을 수 있기 때문에 일본에서 대학 진학이나 취업 계획이 있다면 가입하기를 권장한다. 혹은 워홀러나 유학생들이 아르바이트를 할 때 회사에서 건강보험증을 요구하는 경우도 있다. 일본 국민건강보험에 가입하면 의료비의 30%만 부담하면 되고, 보험료도 지역에 따라서 월 1,000~2,000엔(평균 1,200엔) 정도로 저렴한 편이다. 납부 방법은 1년 치의 일괄 납부와 매월 내는 월 납부 방법 중에서 선택할 수 있으며, 구청에서는 1년 일괄 납부를 권하고 있다. 간혹 일본어가 서툰 워홀러나 유학생의 경우 구청에서 권하는 대로 가입하다가 1년 치가 청구될 수도 있으니, 주의 깊게 듣고 월 납입으로 선택하자. 구청에서 가입할 수 있으며, 대부분 거주지 등록 후 바로 이어서 국민건강보험까지 가입한다.

준비물

1. 여권
2. 체류카드
3. 일본어학교 학생증 또는 입학허가서 (유학 비자의 경우)
4. 도장과 사진 (관공서에 따라서 다름)

05 공중전화, 휴대전화, 인터넷 카페

공중전화

일본의 공중전화는 한국처럼 동전이나 카드를 사용할 수 있고, 기기에 따라서 10엔, 50엔, 100엔 등을 사용한다. 최근 휴대전화 이용자가 워낙 많아서인지 예전처럼 공중전화 부스가 많이 눈에 띄지는 않는다. 일본 공중전화는 국내 통화 전용이 있고, 국제전화가 되는 것은 '국제전화 가능'이라고 표시되어 있다. 하지만 이 전화기로 국제전화를 할 경우 요금 부담이 만만치 않으니 되도록이면 미리 국제전화 카드를 준비해서 통화하는 것이 좋다. 사실 요즘 대부분의 워홀러와 유학생들은 한국에서 쓰던 스마트폰을 가져가기 때문에 공중전화 쓸 일은 별로 없다. 어쨌든 일본에 도착해서 가장 먼저 할 일은 걱정하는 부모님께 공중전화로든 스마트폰으로든 전화부터 드리는 것이다.

한국 스마트폰 일본에서 사용하기

여전히 스마트폰보다 버튼식 휴대전화를 좋아하는 사람들이 있는데, 외국 생활에서만큼은 스마트폰을 적극 추천하고 싶다. 전자사전은 물론 보이스톡이 되는 어플로 국제통화도 무제한으로 할 수 있기 때문이다. 또 한국에서 쓰던 스마트폰을 일본에서도 계속 쓸 수 있는 방법이 있다. 스마트폰의 컨트리락을 해제하고 일본 통신사의 심카드로 교체만 하면 된다. 컨트리락 해제 방법은 기기와 통신사별로 차이가 있으니 자신이 가입한 한국의 통신사에 문의해 본다. 일본의 대표 통신사로는 도코모DOCOMO, AU, 소프트뱅

크가 있으며, 워홀러와 유학생들 사이에서는 저렴한 요금제로 자사 가입자 간에 오후 9시~오전 1시를 제외한 전 시간대 무료 통화 혜택이 있는 소프트뱅크 가입률이 가장 높다. 서비스 가입과 개통 등에 관한 문의는 일본과 한국에서 모두 가능하므로 체류 기간과 플랜 등을 이모저모 따져 보고 계약하도록 하자.

일본에서 휴대전화 구입하기

일본도 한국처럼 휴대전화를 구입할 때는 약정 할인 제도를 많이 이용한다. 하지만 약정 기간이 보통 2년이라서 1년 동안만 체류하는 워홀러는 약정 할인 없이 일시불로 구매할 수 있다. 한국처럼 다양한 요금제가 있는데, 대부분 데이터 무제한 중 가장 저렴한 요금제(약 5,000엔)를 이용한다. 최근에는 일반 휴대전화를 사용하는 사람들이 거의 없고, 프리페이드폰도 전화 통화만 가능하므로 인기가 없는 편이다.

> **일본에서 휴대전화 구입 시 챙겨야 할 것**
>
> 1 여권, 학생증 (학생인 경우)
> 2 체류카드 (주소 등록이 되어 있어야 함)
> 3 국민건강보험증 (대리점에 따라 다름)
> 4 일본 은행 통장 또는 현금카드
> 5 도장

한국에서 일본 휴대전화 미리 구입하기

한국에서도 유학생 전문 통신업체를 통해서 일본의 통신 서비스에 가입할 수 있다. 최소 2주에서 최대 1년까지 플랜에 따라서 가입할 수 있는 임대 전화기와 일본 현지 개통 서비스를 제공하고 있으며, 최신 기종보다는 2G폰이나 포켓와이파이 같은 단품이 대부분이다. 임대료는 계약 기간에 따라 다르며 월 평균 1,000~1,500엔 수준이다. 통화 요금은 일본 현지의 혜택과 모두 동일하며, 비자의 종류나 복잡한 가입 절차 없이 간단한 신청만으로 가입할 수 있다. 3개월 단기 체류라면 임대 전화기가 적당하지만, 아이폰 같은 최신 기종을 원한다면 현지에서 개통할 것을 권한다.

스마텔: http://www.smartel.co.kr
인터콜: http://www.intercall.co.kr

인터넷 카페 ネットカフェ

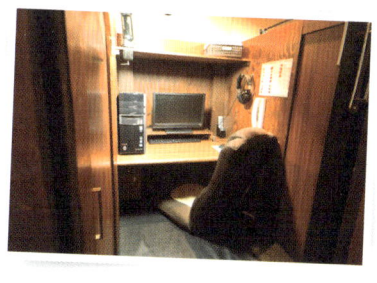

일본에는 한국의 PC방과 비슷한 인터넷 카페ネットカフェ, ネット喫茶가 있다. 한국과 다르다면 개방형이 아닌 개인실로 되어 있으며 PC, 인터넷은 물론이고 각종 DVD, 영화, 음악, 도서 등을 시간 내에 자유롭게 이용할 수 있다는 것이다. 이용 시간과 개인실, 커플실 등의 방 타입을 선택하여 비용을 지불하며 3시간에 1,000엔 정도이다. 최근에는 스마트폰의 보급으로 인터넷을 쓰기 위해 PC방을 찾는 일은 드물고 주로 게임이나 인쇄를 하기 위해 혹은 막차를 놓치고 야간이용권(5시간에 1,000엔)을 구매해서 첫차가 다니기 전까지 쉬어 가는 용도로 활용하는 경우가 대부분이다. 도쿄나 오사카처럼 한국인 유학생이 많은 곳에는 한국식 PC방이 있으며 시스템 또한 한국과 동일하다. 한 가지 안타까운 것은 일본에서조차 온라인 게임에 빠져 대부분의 시간을 PC방에서 보내는 사람들이 있다는 것이다.

1. 일본의 대중교통
2. 도쿄의 대중교통과 교통카드
3. 자전거 구매와 등록
4. 은행 & 우체국 이용
5. 생활에 유용한 일본 상점
6. 일본 생활 예절

Part 3
현지 생활 정보

01 일본의 대중교통

전철

일본의 가장 보편적인 대중교통은 전철과 지하철이다. 버스나 택시도 대중교통 몫을 톡톡히 해내는 우리나라와는 달리 일본에서는 도시와 외곽 지역까지 구석구석 연결되어 있는 전철이나 지하철이 주요 이동수단인 셈이다. 일본의 전철은 한국의 코레일 비슷한 JR과 민간 기업이 운영하는 민간철도私鉄로 구분되어 있기 때문에 환승할 때는 요금이 부과된다. 경유 노선에 따라 요금이 달라지니 전철을 이용할 때는 환승까지 계산하여 티켓을 구매하는 것이 좋다. 요즘은 일본의 전철, 지하철의 환승 정보, 이용 시간, 요금 등을 쉽게 알 수 있는 어플들이 나와 있으니 꼭 이용해 보기를 권한다.

버스

일본 버스는 전철이나 지하철에 비해 이용률이 떨어진다. 버스의 운행 노선과 배차 간격이 다양하지 않고, 요금도 전철보다 비싸기 때문에 전철이나 지하철이 불편한 경우 주로 이용한다. 한국과 달리 뒤로 타고 앞으로 내리며 현금의 경우 내릴 때 요금을 지불하는 것이 특징이다.

택시

일본의 택시는 도쿄가 1km 기본 요금이 410엔이고 이후 237m마다 80엔이 추가된다. 우리나라는 물론 다른 나라의 여러 도시들과 비교해 봐도 단연 세계 최고다. 사정이 이러다 보니 일본인들조차 특별한 일이 아니면 택시를 멀리하는 편이다. 회

사에서 야근을 하거나 혹은 늦게까지 술자리가 있어 막차를 놓치더라도 일본인들은 택시 귀가를 택하기보다는 비즈니스 호텔에 묵거나 인터넷 카페, 24시간 패밀리 레스토랑 같은 곳에서 몇 시간을 때우다가 전철이나 버스 첫차를 탄다. 그만큼 그들에게도 택시요금은 부담스러울 수밖에 없다. 하지만 일본의 택시는 비싼 요금이 아깝지 않다는 생각이 들 정도로 훌륭한 서비스를 승객에게 제공하기로 유명하다.

신칸센

신칸센은 1964년 최초로 개통된 일본의 고속열차로 시속 300km 이상 달릴 수 있다. 현재 규슈 가고시마에서 아오모리 하치노헤까지 총 8개의 노선이 일본 전역을 운행 중이며, 노선은 계속해서 증설되고 있다. 신칸센을 이용하면 도쿄에서 오사카까지는 2시간 30분 정도 걸린다. 빠르고 편리한 점 때문에 장거리 이동 시 비행기만큼 대중적으로 이용되고 있다.

02 도쿄의 대중교통과 교통카드

도쿄의 전철은 JR을 중심으로 도쿄의 지하를 운행하는 도쿄 메트로東京 メトロ와 도에이都営, 그리고 오다큐 小田急, 게이오京王와 같은 민간 철도 私鉄까지 거미줄처럼 복잡하게 얽혀 있다. 같은 목적지라도 경유 전철에 따라 요금이 달라지기 때문에 매번 티켓을 구매하는 것보다 교통카드를 이용하는 것이 편하다. 교통카드의 최대 장점은 불필요한 잔돈이 생기지 않는다는 것과 자동 최단거리 요금 적용으로 복잡하게 요금을 계산할 필요가 없다는 것이다. 도쿄 전철은 한 노선 안에서도 모든 역에 정차하는 보통普通, 주요 역만 정차하는 준급행準急과 급행急行, 쾌속快速 등 여러 종류의 열차가 있기 때문에 승차 전에 제대로 확인하는 것이 좋다. 일견 복잡해 보이는 전철이지만 노선마다 번호와 색으로 구분되어 있으며, 익숙해지면 도쿄의 전 지역을 가장 편하고 저렴하게 다닐 수 있다.

도쿄 메트로   오사카 교통국

JR Japan Railways

야마노테 선 山手線, 주오 선 中央線, 소부 선 総武線 등 3개의 라인으로 도쿄의 중심을 운행한다. 특히 서울의 2호선과 같은 JR 야마노테 선 山手線은 도쿄의 순환선으로 운행되고 있으며, 도쿄의 핫스팟을 대부분 지나가기 때문에 여행객은 물론 도쿄 시민의 이용률이 가장 높다.

도쿄 메트로 東京メトロ

지하철인 도쿄 메트로는 한국과 달리 완벽하게 지하에서만 운행되며, 서울의 지하철보다는 전동차가 좀 작은 편이다. 출퇴근 시간을 제외하고는 비교적 자리에 여유가 있고, 승강장에는 대부분 스크린 도어가 설치되어 있다.

게이오 京王 & 오다큐 小田急

게이오와 오다큐 선은 기업이 운영하는 민간 철도로 서울의 신분당선처럼 주로 도쿄의 외곽으로부터 중심까지 연결하는 노선을 운행한다. 출퇴근 시간이 되면 학생과 직장인 이용자들로 혼잡하므로 어느 정도 마음의 준비를 하고 타는 것이 좋다. 노선의 특성상 보통, 급행, 준급행, 특급 등 종류가 다양하니 자신의 목적지에 정차하는 전철이 맞는지 꼭 확인하고 타도록 하자.

게이세이 전철 京成電鉄

유학생과 워홀러가 공항에서 전철로 도쿄에 간다면 가장 먼저 이용하게 될 사철이다. 주로 닛포리, 우에노, 신바시, 시나가와 등 도쿄 중심지까지 70분 정도에 도착하는 게이세이 본선 京成本線을 많이 이용하며, 운임은 고속전철의 약 1/3 수준인 1,030엔이다.

스이카 & 파스모 SUICA & PASMO

도쿄에서 가장 많이 사용하는 교통카드는 스이카와 파스모다. 충전식 IC 카드로 수도권 대부분의 전철과 버스를 이용할 수 있으며, 한국의 교통카드처럼 터치 방식으로 사용한다. 환승할 때는 자동으로 최단 거리의 요금이 적용된다. 가맹점에서는 전자 결제도 가능하여 현금처럼 상품을 구매할 수도 있다. 두 종류 모두 정기권 기능을 포함시켜서 사용할 수 있으며, 정기권의 경우 분실하여도 카드 기능을 정지시킨 후에 재발급받으면 되므로 안심하고 쓸 수 있다.

교통카드는 전철역, 편의점 등 가맹점에서 구매한다. 처음에 보증금 500엔을 내고, 최소 1,000엔에서 최고 20,000엔까지 충전할 수 있다. 예를 들어 처음에 2,000엔을 내고 카드를 구매하면 실제 사용할 수 있는 금액은 1,500엔이다. 충전도 전철역이나 버스 영업소 또는 가맹점에서 할 수 있다. 카드 반납 시에는 보증금 500엔을 돌려받는다.

정기권 定期券

정기권은 직장인과 학생처럼 철도나 버스의 특정 구간을 반복적으로 이용하는 승객을 대상으로 일정 기간 동안 할인 요금을 적용해 주는 승차권이다. 일반 정기권 티켓과 스이카, 파스모 등 IC 카드와 통합하여 사용하는 카드 타입이 있다. 1개월, 3개월, 6개월 등 기간을 정해서 구매할 수 있는데, 할인율은 기간에 따라서 약 5~20%까지 달라진다.

도쿄 관광을 위한 주요 교통 패스 정보

도쿄 프리 티켓 東京フリーきっぷ

JR, 도에이 지하철, 도쿄 메트로, 도에이 버스 및 도덴(노면 전철) 등 하루 동안 대부분의 도쿄 교통수단을 이용할 수 있는 티켓
성인 ¥1,590, 어린이 ¥800

도쿠나이 패스 都区内パス

도쿄 시내 JR 선을 하루 동안 자유롭게 이용할 수 있는 티켓으로 도쿄에서 쇼핑이나 비즈니스로 이동 시에 편리하다.
성인 ¥750, 어린이 ¥370

도쿄 메트로 · 도에이 지하철 1일 승차권 東京メトロ・都営地下鉄共通一日乗車券

도쿄 메트로와 도에이 지하철 전 노선을 하루 동안 이용할 수 있는 티켓
성인 ¥900, 어린이 ¥450

도쿄 메트로 1일 승차권 東京メトロ一日乗車券

도쿄 메트로 전 노선을 하루 동안 이용할 수 있는 티켓
성인 ¥600, 어린이 ¥300

오다이바 아리아케 구루리 티켓 お台場・有明ぐるりきっぷ

오다이바 전체를 제대로 관광하고 싶다면 놓칠 수 없는 1일권이다. 유리카모메, 린카이 선, 수상 버스를 자유롭게 이용할 수 있다.
¥900

03 자전거 구매와 등록

일본 생활의 필수품 자전거

일본 생활에서 자전거는 필수품이다. 학생은 통학용으로, 직장인은 출퇴근용으로, 주부들은 장보기용으로 이용하는 등 남녀노소 불문하고 자전거를 많이 탄다. 워낙 비싼 교통비 탓에 한두 정거장 정도의 거리는 전철이나 버

스 대신 자전거로 다니는 것이다. 특히 바구니가 달린 자전거는 많은 주부들이 장을 보거나 아이의 유치원 통학용으로 이용한 덕분에 마마차리ママチャリ라는 귀여운 별명까지 있을 정도다. 또 일본은 자전거 법규가 엄격하기 때문에 워홀러와 유학생은 미리 알아 두도록 한다. 자칫하면 애꿎은 생활비만 벌금으로 축날 수 있다.

자전거 구매와 등록

자전거는 보통 대형 마트나 자전거 매장에서 구매하는데, 돈키호테 같은 매장에서 만 엔 정도면 쓸 만한 자전거를 살 수 있다. 저렴한 중고 자전거를 원한다면 구청이나 리사이클 숍을 찾는다. 일본에서는 자전거를 사면 가장 먼저 방범 등록을 해야 한다. 자전거 등록을 해두면 도난을 방지하고, 도난

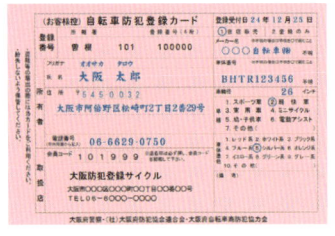

당했을 때 등록 번호로 다시 찾을 수 있는 가능성이 높다. 새 자전거, 중고 자전거 할 것 없이 의무적으로 등록해야 하며, 매장에서 구입할 때 500엔 정도를 추가로 내면 등록해 준다. 자전거를 등록하면 고유 번호가 적힌 스티커와 등록

카드를 주는데, 스티커는 자전거에 부착하고 등록카드는 주소 변경이나 양도 또는 폐차할 때를 위해서 잘 보관해 둔다.

워홀러나 유학생 중에는 지인한테 자전거를 받거나 유학생 커뮤니티를 통해서 중고 자전거를 사는 알뜰족이 많은데, 이때는 반드시 자전거 등록카드를 확인해야 한다. 만약 등록카드가 없다면 경찰의 검문에 자전거 도둑으로 오해받을 수도 있다. 또 한국에서 자전거를 직접 가져오거나 우편으로 받는 경우가 있는데, 이때는 구매 증빙 자료나 송장을 첨부하여 가까운 자전거 매장에서 등록하면 된다.

자전거 법규

일본에서 자전거는 도로교통법상 '경차'로 취급되어 도로표지판이나 표시가 있는 곳에서는 따라야 할 의무가 있고, 자전거로 차로를 달릴 때는 차와 같이 좌측으로 통행해야 한다. 이런 사항을 위반 시에는 상당한 벌금이 부과된다. 특히 역이나 마트 주변에 자전거를 대충 세워 두면 경고 끝에 견인될 수도 있다. 자전거가 워낙 많은 일본에서는 한국처럼 무료로 자전거를 세울 곳을 마련해 두고 있지 않아 지정된 자전거 주차공간駐輪場을 유료로 이용해야 한다. 지역에 따라서 차이는 있지만, 만약 자전거 방치 금지 구역에 세워 뒀다가 견인되었다면 벌금 3,000~5,000엔을 내고 찾아와야 한다.

1 불법 주차 금지
2 음주운전 금지
3 2인 이상 탑승 금지
4 야간 운행 시 반드시 라이트 사용
5 운행 중 우산 또는 휴대전화 사용 금지

04 은행 & 우체국 이용

통장 개설하기

일본에 도착하면 거주지 등록과 국민건강보험만큼 중요한 것이 바로 통장을 만드는 일이다. 일본 생활 초기 비용을 안전하게 보관하고, 이후에 아르바이트를 하게 되는 경우 급여를 받을 때도 통장이 필요하다. 은행에 따라 체류 기간이 6개월 미만인 경우 계좌를 개설해 주지 않는 곳도 있다. 그렇다면 우체국 통장을 개설하면 된다. 또한 일본 은행은 한국보다 영업 시간이 짧아서 ATM을 더 자주 이용할 수도 있다. 통장을 만들 때는 현금체크카드도 꼭 신청한다. 신청한 현금카드는 계좌 개설하고 일주일 후에 주소지로 우편 배달해 준다. 통장 개설에 필요한 준비물을 참고하여 가까운 은행에서 통장을 만들어 보자.

일본의 은행 업무 시간: 오전 9시~오후 3시

통장 개설 시 준비물

1 여권, 학생증 (학생인 경우)
2 체류카드 (주소 등록이 되어 있어야 함)
3 예금할 돈 (100엔 이상)
4 도장 (다이소나 돈키호테에서 저렴한 가격에 팔 수 있음)

ATM(현금자동입출금기) 이용하기

일본의 ATM은 이용 시간에 따라 수수료가 달라지는데, 보통 평일 오전 8시 45분~오후 6시까지는 무료다. ATM 이용 방법은 한국과 동일하며 은행은 물론 백화점, 편의점, 전철역 등 곳곳에 설치되어 있다.

부재 시 우편물 찾는 방법

일본 생활 초기에는 갈 곳도 많고 살 것도 많아 아무리 절약한다고 해도 경제적으로 부담이 되게 마련이다. 이럴 때 한국에서 가족이나 친구가 국제소포라도 보낸다면 아마 천군만마를 얻은 듯한 기분일 것이다. 가족이나 친구가 보내 준 음식이며 옷이며 책 등은 물론 미처 못 챙겨 온 필수품까지 어느 것 하나 소중하지 않은 게 없는데, 그 '천군만마'가 이미 도착할 때가 지났는데도 오지 않고 송장을 조회해 보면 배송 완료라고 되어 있는 경우가 있다. 이럴 때는 우선 집 밖의 우편함을 확인하고 소포 도착 알림 郵便物等お預かりのお知らせ 엽서가 있는지부터 확인하자. 대부분 집배원들은 부재 시 알림 엽서를 문에 붙여 놓거나 우편함에 넣어 두고 간다. 이 엽서의 알림 번호만 알면 우체국 홈페이지나 우체국에 문의하여 재배달을 요청할 수 있다. 배송 시간까지 지정할 수 있어서 애써 찾으러 가지 않아도 집에서 받아 볼 수 있다.

일본 우체국: http://www.post.japanpost.jp (일본어, 영어)

① 우체국 접속 후 재배달 再配達のお申し込み 메뉴 클릭
② 배달신청서 작성 (우편번호, 추적 번호, 도착일 등을 입력)
③ 배달처 정보 입력 (배달 희망일, 시간대 등을 입력)
④ 입력 내용 확인
⑤ 신청 완료

05 생활에 유용한 일본 상점

100엔 숍 100円ショップ

일본에서 알뜰하게 생활하려면 꼭 알아 두어야 할 상점이 바로 100엔 숍이다. 외국인은 물론 일본인도 많이 이용한다. 100엔 숍에서는 모든 상품을 균일하게 100엔(소비세를 포함하여 108엔)에 판매한다.

한국 다이소의 원조 격인 다이소 ダイソー를 비롯하여 CanDo キャンドゥ, 로손스토어100, StyleONE 등 일본에는 다양한 상품을 전문으로 하는 100엔 숍 체인점들이 있다. 매장마다 판매하는 상품 종류가 조금씩 다르니 필요한 물품이 있다면 적어도 두어 군데는 들러 볼 것을 권한다. 한국 1000원 숍에는 2,000원 이상의 취급 품목이 많은 것과 달리 일본의 100엔 숍은 대부분 100엔 균일가라서 오히려 한국보다 저렴한 편이다. 음료수, 볼펜, 가공식품, 화장품, 조리도구 등 없는 것 빼고 다 있는 100엔 숍은 주머니 사정이 여의치 않은 유학생이나 워홀러들에게 쇼핑 천국인 셈이다. 100엔 숍 이외에도 200엔 숍, 300엔 숍, 390엔 숍, 500엔 숍 등 다양한 저가 생활용품점들이 있다.

돈키호테 ドンキホーテ

생활용품, 잡화, 식품, 의류, 가전 등 다양한 상품을 저렴하게 판매하는 일본의 대표적인 잡화 할인 판매점이다. 100엔 숍과는 달리 저가 상품에서 고가의 명품까지 다양한 상품을 취급하고, 일반 매장 상품을 저렴한 가격에 살 수 있어서 100엔 숍만큼이나 인기 있는 곳이다. 대부분 중심가에 위치하고 있는데다 창고를 방불케 하는 산만한 진열이 오히려 호기심을 자극한다. 밤늦은 시간까지 문을 열고 있어 시간을 쪼개 써야 하는 여행자들에게 반가운 곳이다.

http://www.donki-kr.com

슈퍼마켓 スーパー

일본의 슈퍼마켓은 규모와 취급 상품에 따라 식품점만 운영하는 슈퍼마켓과 의류, 가전, 잡화 등 생활에 필요한 모든 것을 취급하는 대형 마트로 나뉜다. 영업 시간은 대개 오전 9~10시부터 오후 20~24시까지인데, 24시간 운영하는 곳도 있다. 시간에 따라 가격이 저렴해지는 타임세일을 주로 이용하면 좀 더 알뜰하게 쇼핑할 수 있다. 오후 6시 이후의 타임세일도 인기이지만, 신선한 식재료를 저렴하게 구입하려면 아사이치 朝市라는 아침 시간의 타임세일을 이용하면 된다. 대표적인 슈퍼마켓으로는 이온 AEON, 세이유 SEIYU, 이토요카도 イトーヨーカドー 등이 있다.

편의점 コンビニ

로손, 패밀리마트, 세븐일레븐, 포프라, 서클 K 산쿠스 등 일본 전역에는 약 50,000개의 편의점이 있다. 일본 편의점은 단순히 식품과 일용잡화만 파는 곳이 아니라 복사, 팩스, 공과금 납부, 택배 수령 등 다양한 서비스를 제공하고 있다. 최근에는 슈퍼마켓에 버금가는 쇼핑 장소로 변화 중이다. 또 편의점마다 인기 있는 도시락과 빵을 맛보는 재미도 꽤 쏠쏠하다.

마츠모토키요시 マツモトキヨシ

일본 최대의 드러그 스토어로 의약품과 화장품 등을 저렴한 가격에 판매한다. 일본 여행의 필수 코스라 불리며 여행자들 사이에서는 이곳 베스트 상품 순위까지 참고할 정도로 인기가 있는 곳이다. 특히 스타킹, 뷰티용품 등 여성 생활용품이 저렴하다. 간혹 돈키호테보다 더 싸게 파는 상품들도 있으니 화장품이나 의약품이 필요할 때는 발품을 팔아서 가격을 비교해 보는 것도 좋다.

 http://www.matsukiyo.co.jp

도큐핸즈 TOKYU HANDS

재미있는 아이디어 상품이 많아 구경하는 것만으로 즐거운 잡화 전문 쇼핑몰이다. 인테리어 소품뿐만 아니라 DIY 제품 종류가 많아 인기가 있다. 시부야 외에 다른 지역 곳곳에서 만날 수 있는 유명 체인점이지만, 특히 시부야 매장이 보유 제품도 많고 큰 규모를 자랑한다. 도큐핸즈만의 독특하고 기발한 상품들이 많아 가격표 따위는 잠시 잊고 즐겁게 쇼핑할 수 있는 곳이다.

http://www.tokyu-hands.co.jp/ko

로프트 Loft

모던하고 감각적인 인테리어 용품과 디자인 예쁜 생활소품을 좋아한다면 꼭

한 번 들러 볼 만한 생활잡화점이다. 생활에 필요한 아이디어 용품에서 합리적인 가격의 수입 브랜드 상품까지 골고루 갖춰져 있다. 도쿄의 시부야나 신주쿠 등 전국 대도시 30곳쯤에서 로프트의 예쁘고 깜찍한 상품을 만나 볼 수 있다. 도큐핸즈와 겹치는 상품이 많지만 디자인이 뛰어나 이곳을 찾는 사람들이 많다.

http://www.loft.co.jp

니토리 ニトリ

일본의 이케아라 불리는 니토리는 가구와 인테리어 용품을 저렴하게 살 수 있는 곳이다. 이사를 하거나 대형 가구가 필요할 때 니토리만큼 싼 곳도 없으니 알아 두면 편리하다. 단, 도심 외곽에 위치하고 있어 다소 불편한 점이 있긴 하다. 최근에는 도심까지 소형 매장을 늘린다는 반가운 소식이 있다.

http://www.nitori-net.jp

북오프 BOOKOFF

일본 전국의 도심에 매장이 있는 신개념 헌책방이다. 책뿐만 아니라 DVD, CD, 게임 등 다양한 중고 상품을 새 제품의 약 20~70% 가격에 살 수 있어

서 일본인은 물론 많은 유학생과 관광객이 즐겨 찾는다. 만약 필요한 책이나 DVD가 있다면 가까운 북오프부터 먼저 찾아보자. 거꾸로 책이나 CD 등 중고 상품을 팔기 위해 이곳을 방문하는 사람들도 많다.

http://www.bookoff.co.jp

츠타야 TSUTAYA

각종 음악 CD나 영화와 드라마 DVD 등의 상품을 판매하고 대여하는 일본 최대의 렌털 숍이다. 1~3일 정도 대여 비용은 200~400엔 수준이며, 발매 기간이 좀 지난 상품들은 할인도 많이 한다. 초고속 인터넷 영향으로 유학생들 사이에서는 이용률이 낮은 편이지만, 서점과 카페, 렌털 숍까지 이용할 수 있는 복합공간이라 일본인들에게는 꾸준히 인기가 있다.

http://tsutaya.tsite.jp

GEO ゲオ

츠타야와 비슷한 렌털 숍이지만 추가로 게임과 게임 소프트 상품이 많아 게임 마니아들에게는 유용한 곳이다. 매장의 규모가 작긴 하지만 도심에서 쉽게 찾을 수 있다.

https://geo-online.co.jp

06 일본 생활 예절

목욕 문화

일본인들은 집에 돌아오면 반드시 욕조에 몸을 담가야 하루가 마무리된다고 생각한다. 난방 시설이 부족한 일본에서 추운 겨울을 나기 위한 방편으로 자기 전에 따뜻한 물에 몸을 녹이던 습관이 단순한 목욕 이상의 문화로 자리잡게 된 것이다. 하루에 한 번 욕조에 물을 받아서 집안의 가장부터 들어가 목욕을 하는데, 가족 모두가 씻기 전에 물을 버리면 안 된다. 목욕 순서도 아주 중요하게 생각한다. 만약 손님이 있다면 그날은 손님이 1순위가 된다. 이렇게 아버지, 아이들, 어머니가 차례대로 목욕을 하고 남은 물은 다음 날 세탁을 한다고 하니, 절약 정신이 돋보이는 습관이 아닐 수 없다. 이처럼 온가족이 목욕을 할 수 있는 이유는, 목욕물을 다시 데울 수 있는 특수 욕조 덕분이다. 이렇듯 목욕 문화를 미리 알아 둔다면 적어도 일본 가정집을 방문했을 때 목욕하고 욕조 물을 남김 없이 버리는 실수는 하지 않을 것이다.

쓰레기 분리수거

일본에서 어엿한 생활인(!)이라는 자각이 생길 때가 바로 쓰레기 분리수거할 때가 아닐까. 각 자치단체마다 조금씩 차이가 있긴 하지만, 보통은 쓰레기 전용봉투에 담아 지정일과 지정 장소에 맞게 내놓으면 된다. 타는 쓰레기 燃えるゴミ와 타지 않는 쓰레기 燃えないゴミ, 페트병 ペットボトル, 병과 캔 ビン・カン, 폐지 古紙 등의 재활용 쓰레기 資源ゴミ, 대형 쓰레기 粗大ゴミ로 세분화되어 있다. 각 지자체별로 쓰레기 분리수거 안내문이 따로 있으니 그 지침에 성실히 따르면 된다. 귀찮다고 대충 분리수거를 한다면 자기도 모르게 그 동네의 요주의 인물이 되어 있을지도 모른다. 그만큼 일본은 쓰레기 분리수거에 까다롭다.

생활 소음

일본 집은 지진에 대비해서 목조 건물이 많고 창도 이중창문으로 해놓지 않았기 때문에 방음에 약한 편이다. 일과 시간 이외에는 세탁기, TV 등 이웃과 갈등의 원인이 될 수 있는 생활 소음에 주의하는 것이 좋다. 특히 한국에서 하듯이 밤늦도록 친구들과 모여 소란스럽게 한다면 당장 민원 신고를 받은 경찰이 들이닥칠지도 모른다. 일본에서는 직접 와서 조용히 해달라고 하지 않고 바로 민원을 넣는 경우가 많기 때문이다.

자전거 주차장 駐輪場

일본에서는 생활의 많은 부분이 자전거를 통해 이루어진다. 자전거 하나로 쇼핑부터 취미 생활까지 모두 가능할 만큼 생활과 밀접하다. 이렇듯 자전거의 이용률이 높은 만큼 법규 또한 엄격하다. 특히 역과 마트 주변은 자전거를 아무 데나 세워 둘 수 없다. 이곳들은 자전거 유·무료 주차장이 있으니 반드시 지정된 자전거 주차장에 세워 둬야 한다. 자전거 주차장 駐輪場 이용 요금은 보통 1일 100엔, 월 1,300엔 수준이며, 불법 주차를 하면 자동차처럼 견인될 수 있다.

흡연 시설

일본의 역, 관공서, 식당 등 공공장소에서는 정해진 곳에서만 흡연을 할 수 있다. 특히 길거리는 거의 모든 지역이 금연 구역이며 적발 시엔 과태료가 부과된다. 대신 '분리형 금연정책'이라고 해서 거리의 한쪽을 정부가 흡연 구역으로 지정한 곳이 꽤 많다. 담배를 피우고 싶은 흡연자가 5분 이내에 흡연 구역을 찾을 수 있는 것이다. 간접흡연 피해는 줄이고 흡연권은 보장해 주는 셈이다. 또, 돈을 내고 들어가 담배를 피우는 유료 흡연소가 생겼다. 입장료는 1회 이용 시 50엔, 일주일 자유이용권은 500엔 정도이다.

1 일본 아르바이트 종류
2 구직 방법과 면접 요령
3 일본 이력서 작성하기
4 출입국관리국 이용

Part 4
일자리 구하기

01 일본 아르바이트 종류

일본은 아르바이트 종류도 다양하고 근무시간도 조절할 수 있어서 한국처럼 한곳에서 오래 근무하지 않아도 된다. 자신의 사정에 맞게 몇 군데 나눠서 일할 수 있다. 최근 몇 년간 장기 불황의 영향으로 낮아진 최저임금(888엔) 탓인지 일본 젊은이들의 아르바이트 기피 현상이 늘어나는 추세이다. 이런 이유로 일본의 업체들은 채용난이 심해지자 외국인 채용을 늘리고 있다. 예전에는 외국인 고용을 기피하는 현지 가게가 많았고, 특히 일본어가 서툰 워홀러나 유학생들은 한국인 식당이나 마트 등에서 주로 일을 했었지만, 요즘은 외국인 채용이 늘면서 일본인 가게에서도 쉽게 일을 구할 수 있다. 일본인이 고용주인 곳은 대부분 식사와 교통비까지 지원해 주니 구직 활동에 참고하는 것이 좋다.

워킹홀리데이 비자를 이용한다면 따로 허가받지 않고도 자유롭게 일할 수 있지만, 유학 비자의 경우는 아르바이트를 하려면 반드시 사전에 자격외활동허가를 받아야 한다. 시간제한 없이 일하는 워홀러와 달리 유학생은 법적 허용 시간인 주 28시간 내에서만 일할 수 있다. 일본의 아르바이트 평균 시급은 대도시에서 주간 900엔, 심야 1,300엔 수준이고, 지방은 이보다 100엔 정도 시급이 낮다. 워홀러가 풀타임으로 일할 경우 월수입은 20~25만 엔 정도이고, 유학생이 허용 시간만큼 일할 경우 월수입은 10~12만 엔 정도이다.

일본어 실력이 어느 정도 된다면 일본 구인 사이트나 무료 구인 잡지를 통해서 어렵지 않게 아르바이트를 구하고, 일본어 초급자의 경우는 대부분 한인타운에서 첫 아르바이트를 시작하게 된다. 또한 일본에서는 아르바이트 수입의 10~20% 정도를 소득세로 낸다. 세금에 대한 자세한 비율은 해당 업종과 비자의 종류에 따라 다르다. 1년 이상 체류한다면 연말에 연간 소득에 대한 세금 환급을 신청할 수 있으니 반드시 가까운 관할 세무서에서 정확하게 세율을 안내받고 이해할 필요가 있다. 이런 상황에 대한 이해가 없이 업주가 주는 대로 월급을 받다가 나중에 부당한 일을 겪고 악덕 업주니 뭐니 후회한들 자신만 손해이다. 최근에는 유학생 간 정보가 빨라지면서 악덕 업체와 업주를 알리는 적극적인 정보 공유로 위와 같은 불미스런 일이 많이 사라진 편이지만, 외국 생활에서는 항상 자기 자신을 스스로 보호하려는 노력이 필요하다. 언어능력이 부족할 때는 한인 슈퍼마켓에서 일을 하더라도 하루빨리 일본어 실력을 늘려서 현지인 가게에서 일하며 일본인 친구도 사귀고 일본 문화도 체험해 보기를 권한다.

홀 서빙 ホール

식당이나 이자카야 같은 곳에서 음식 주문을 받고 서빙하는 일이다. 손님을 직접 대할 일이 많으므로 일본어 중급 이상의 실력이 필요하지만, 야키니쿠야 같은 한국 식당은 일본어 초급자라도 지원할 수 있다. 홀 서빙 아르바이트는 심야 시간에 시급이 높아 고소득을 올릴 수도 있다.

주방 보조 キッチン

주로 음식점의 주방에서 설거지나 재료 준비 등의 보조 일을 하게 되므로 일본어 초급자도 지원할 수 있다. 주방 일을 해본 경험이나 요리자격증이 있다면 채용 확률이 더 높다. 야키니쿠야 같은 고깃집 주방 보조는 일하는 내내 불판만 닦는 경우가 많아 오히려 서빙보다 육체적으로 더 힘들 수도 있다. 그런데도 가게에 따라서는 홀 서빙보다 오히려 시급이 낮은 곳도 있다는 것을 알아 두자.

패스트푸드점 · 카페 接客·調理

패스트푸드점이나 카페는 손님의 주문을 받고 계산하는 접객 근무와 주방에서 주문 음식을 만드는 조리 근무가 있다. 대부분 일본 업체인데다 손님을 응대하는 일이기 때문에 유창한 일본어 실력과 밝은 인상이 중요하다.

편의점 コンビニ

일본 전역에는 로손, 패밀리마트, 세븐일레븐 등 약 50,000개의 편의점이 있다. 한국의 편의점 아르바이트와 마찬가지로 계산, 상품 진열, 청소 등을 한다. 고객을 응대하거나 캐셔 일이다 보니 일본어 중급 이상의 실력이 요구된다. 심야에 근무하면 1,200엔 정도의 높은 시급을 받는다.

슈퍼마켓 · 대형 마트 マート

워홀러나 유학생들이 쉽게 구할 수 있는 아르바이트가 바로 슈퍼마켓과 대형 마트 일이다. 주 업무는 캐셔로 바쁘지 않을 때는 상품 진열과 정리도 하게 된다. 일본어 초급의 경우 주로 한국인이 운영하는 식품점에서 일하며, 중급 이상의 경우 SEIYU, 이토요카도 같은 일본 회사에서 일할 수 있다.

도시락 제조 · 판매 お弁当製造·販売

도시락 문화가 발달한 일본에서는 점심시간 전에 도시락을 만들고, 점심시간에 맞추어 본격적으로 상점 앞에서 판매하는 일이 있다. 단순 업무로 언어 능력은 크게 중요하지 않고 판매보다는 오히려 도시락을 만드는 일에 비중을 더 두는 편이다. 근무시간 내내 앉아서 고개를 숙이고 하는 일인 만큼 어깨와 목이 피곤할 수 있다.

노래방 カラオケ

일본의 노래방은 한국과 달리 대부분 대형 노래방 체인점으로 운영되며, 대표적인 체인점으로 가라오케관, 마네키네코, 점보가라오케광장 등이 있다. 업무 내용 또한 접수, 안내, 주방, 주방 보조, 서빙, 호객, 룸 청소 등 세분화되어 있는 것이 특징이다. 파트에 따라서 조금씩 다르지만 보통 일본어 중급 이상의 실력을 선호한다.

사무 보조 事務・アシスタント

이미지 편집, 데이터 입력 등 단순 사무 보조가 주된 업무로 일본어 중급 이상이면 지원할 수 있다. 육체적으로 힘들지 않고 시급 또한 단순 노동에 비해 10% 정도 높은 것이 장점이다. 업무 능력에 따라서 정직원이 될 가능성도 있다.

한국어 강사 韓国語講師

한국어 강사는 평균 시급이 약 2,000~3,000엔으로 대표적인 고소득 아르바이트에 속한다. ECC, NOVA 같은 체인 형식의 대형 외국어학원은 한국어 전공자, 한국에서의 강사 경험 등 자격이 까다로운 반면, 소규모 학원은 미경험자도 지원할 수 있다. 단, 일본어로 한국어를 설명할 수 있어야 하기 때문에 수준 높은 일본어 실력이 요구된다. 특히 맨투맨 수업은 카페 같은 곳에서 자유롭게 할 수 있어서 일본어가 능숙해지면 누구나 해보고 싶어 하는 인기 아르바이트이기도 하다. (단, 찻값은 개인 부담이다.) 소규모 학원은 도쿄의 신주쿠, 이케부쿠로, 오사카의 츠루하시 같은 한인타운에서 찾을 수 있다. 학원 홈페이지에도 종종 한국어 강사 모집 공고가 올라오니 일본어에 자신이 있다면 한번 도전해 보자.

ECC 외어학원: http://www.ecc.jp/
NOVA: http://www.nova.co.jp/

도쿄언어학원: http://sj-chinese.com/
한글닷컴 한국어교실: http://www.1hangul.com/
한국어교실 한글꼬짱: http://www.uenoschool.com/recruit.html

신문 배달 新聞配達

숙식 제공이 되며 일본어를 못하더라도 지원할 수 있기 때문에 주로 초기 학비와 생활비가 부족한 유학생들이 신문 배달을 한다. 그렇지만 한국의 신문 배달과 달리 조간과 석간 배달, 그리고 수금까지 모두 한 사람이 도맡아 하는 시스템이어서 그만큼 일도 많고 힘들다.

건설 현장 建設

매장과 집 등의 건물 철거 일이 주된 일이다. 구직은 대개 소개로 많이 이루어진다. 하루 6시간 정도 일하며, 일당은 10,000~15,000엔 정도이다. 한 가지 불편한 점을 꼽자면, 야간 근무의 경우 새벽 2, 3시쯤 일을 마치는데, 전철 첫차가 다닐 때까지 기다렸다가 퇴근해야 한다는 것이다.

호텔 청소 ホテル清掃

호텔 객실이나 내부를 청소하고 정리하는 일로 일본어 초급자도 지원할 수 있다. 호텔 규모에 따라서 2인 1조 또는 혼자서 일을 하며, 육체노동인 만큼 평균 시급보다는 높은 편이다. 큰 호텔보다는 번화가의 모텔 일자리가 많으며, 지인의 소개나 벽에 붙은 모집 공고를 통해서 주로 구직이 이루어진다. 남녀 성별에 제한은 없지만 대체로 남성을 선호하는 편이다.

스키장 スキー場

나가노, 삿포로 등 일본 전국에는 양질의 스키장이 많은 편이라 겨울이 되면 스키장 일자리도 그만큼 많아진다. 주로 리프트, 렌털, 식당 등 스키장 시설과 관련하여 다양한 업무가 있다. 또 스키장에서 일하면 스키나 스노보드를 배우는 것은 물론 한국처럼 숙식이 제공되기 때문에 일본인과 함께 생활하고 일본인 친구를 사귀기에도 좋다. 굳이 흠이라면 대부분의 스키장이 대도시에서 멀리 떨어져 있어 불편하다는 정도이다. 스키장에 따라 여름이나 가을부터 아르바이트를 모집하니 미리 홈페이지 방문이나 전화 문의를 통해 모집 요강에 대해 알아 두는 것이 좋다.

호텔 · 리조트 ホテル・リゾート

일본의 대표적인 휴양지나 스키장 주변에는 호텔과 리조트가 많아서 숙박 관련 업무와 레스토랑 등의 일자리가 많은 편이다. 이들 지역에서는 대도시처럼 인구가 많지 않다 보니 오히려 도시보다 쉽게 일자리를 구할 수도 있다. 시급은 도시보다 조금 낮지만 숙식이 제공되는 곳이 많으므로 수입에서 큰 차이는 없다.

전통 여관 旅館

일본은 전국의 관광지나 온천 주변에 일본의 전통 숙박 시설인 료칸이 많은 편이다. 일본 료칸은 손님에게 숙박뿐만 아니라 음식까지 제공하기 때문에 숙박 관련 업무와 주방 보조 일자리가 있다. 료칸 일의 특성상 일본어 중급 이상의 여성을 선호하며, 주방 보조 일은 아무래도 경력자에게 유리하다.

일본에서 피해야 할 아르바이트

일본에서는 워홀러와 유학생이 유흥업소에서 일하는 것을 엄격하게 금지하고 있다. 만일 법을 어기고 일하다가 적발될 경우 이유를 불문하고 연행되며, 벌금과 함께 강제 추방을 당하게 된다. 또한 이후에 비자 신청 및 일본 재입국과 관련하여 막대한 불이익을 당하게 되므로 절대로 유흥업소에서 일해서는 안 된다.

02 구직 방법과 면접 요령

일본에서는 보통 아르바이트 구인 사이트나 구인 잡지를 통해 아르바이트를 구하는데, 워홀러나 유학생들은 지인의 소개로 구직이 이루어지는 경우도 많다. 채용 과정은 한국과 별반 다르지 않다. 지역, 업종, 기간, 수입 등 카테고리에 따라서 원하는 아르바이트를 찾은 후에 사전 연락을 통해 면접일을 정하고 면접에 통과하면 채용이 된다.

아르바이트 구인 사이트

일본어 초급자보다는 중급이나 중상급의 워홀러나 유학생들이 일본 구인 사이트를 많이 이용한다. 먼저 구인 사이트에서 원하는 조건을 설정하면 업종, 근무지, 일의 내용, 시급, 시간, 자격, 교통비 지급 여부 등 관련 정보가 자세히 안내된다. 원하는 일자리가 있으면 '응모하기'를 클릭하거나, 회사 정보의 연락처로 직접 전화를 걸어 아르바이트를 문의하면 된다. 전화 구직 활동 역시 만만치 않다. 일본어가 능숙하지 않은 상황에서 쉽지 않은 일이므로 몇 번 거절당했다고 해서 위축될 필요는 전혀 없다. 한 가지 팁이라면 신주쿠, 이케부쿠로 등 가급적 외국인이 많은 지역으로 눈을 돌려 '외국인 아르바이트 가능'의 키워드가 적힌 곳부터 공략하는 것이다.

Hello-Work (ハロー・ワーク): https://www.hellowork.go.jp : 일본의 고용안정센터
TOWN WORK (タウンワーク): http://townwork.net
리쿠나비 (リクナビ): http://www.rikunabi.com
an (アン): http://weban.jp
From A navi (フロムエー): http://www.froma.com

아르바이트 구인 잡지

우리나라는 보통 생활 정보 신문의 한 파트에 일자리 정보가 나오지만, 아르바이트 대국인 일본에는 아르바이트 전문 잡지만 해도 여러 종류가 있다. 대표적인 아르바
이트 전문 잡지로는 DOMO!, TOWN WORK, an, From A navi 등이 있다. 이런 정보 잡지는 대부분의 전철역, 음식점, 패스트푸드점, 서점, 편의점 등 다양한 곳에 무료로 비치되어 있다. 지역이 같아도 발행사에 따라서 게재되어 있는 일자리 구성이 다를 수 있으니 여러 개를 참고하는 것이 좋다.

한국인 유학생 커뮤니티

일본어가 서툰 워홀러나 유학생들은 아무래도 한국인 유학생 커뮤니티 사이트에서 일자리를 많이 찾게 마련이다. 그만큼 새로운 아르바이트 정보가 올라오면 경쟁률도 치열한 편이다. 그러니 마음에 드는 일자리가 올라오면 미루지 말고 당장 연락하는 것이 좋다. 하지만 한국인 커뮤니티 사이트인 만큼 일자리도 한국인이 운영하는 곳이 대부분이다. 간혹 일본어가 능숙하지 않은 점을 노린 악덕 업체 정보도 섞여 있을 수 있으니 주의해야 한다. 일본어가 능숙하다면 한국인 유학생 커뮤니티 사이트보다는 일본 구인 사이트에서 일자리를 찾아보기를 권한다.

동유모: http://cafe.daum.net/japantokyo
오유모: http://cafe.daum.net/osakalife

기타 방법

일본에서는 어학원 친구나 룸메이트 등 지인의 추천이나 소개로 아르바이트를 구하는 경우도 꽤 많다. 한인 슈퍼마켓뿐만 아니라 운 좋으면 일본인이 운영하는 곳도 소개받을 수 있다. 아직 일본 사정에 익숙하지 않은 워홀러나 유학생들은 일자리를 구하고 있다고 주위에 소문을 내는 것도 한 방법이다. 그리고 직접 발품을 팔아 찾아보는 방법도 있다. 거리에 보면 직원 모집 공고를 붙여 놓은 가게가 종종 눈에 띌 것이다. 이런 가게에 들어가 문의하고 이력서를 내면 된다. 물론 아르바이트를 구할 때는 일본어로 쓴 이력서 몇 장을 미리 준비해서 다녀야 한다. 대개의 경우 이력서를 놓고 가면 검토하겠다고 하지만, 운이 좋으면 바로 면접 날짜를 정하자고 할 수도 있다.

아르바이트 면접 요령

대부분의 구직자들이 일본에서 아르바이트 면접 시 가장 중요한 것은 언어능력이라고 생각한다. 그렇지만 실제로는 일본어로 '인사'와 '열심히 하겠습니다!'라는 말 정도만 자신있게 해도 합격할 수 있다. 의외로 인사 담당자들은 구직자의 언어능력보다는 '일에 대한 열정'과 업무 분위기에 맞는 '밝은 인상'을 더 중요하게 본다. 그러니 면접 일정이 잡히면 괜히 부족한 언어능력 때문에 의기소침해질 게 아니라 자신감 있는 태도와 단정한 복장에 밝은 얼굴로 좋은 이미지를 심어 주려고 노력해야 한다. 또 면접 시간보다 지나치게 일찍 도착하는 것도 좋지 않다. 약속 시간 5~10분 전에 도착해서 면접을 준비하는 에티켓도 중요하다.

면접 시 꼭 확인할 사항

- 업무 내용
- 근무시간과 휴일
- 급여와 지불 방법
- 식사와 교통비 지급 여부
- 근무 시 복장 상태
- 첫 출근일
- 합격 통지 방법

03 일본 이력서 작성하기

履歴書

年　月　日現在

ふりがな			❶ 후리가나	
氏　名			❷ 성명	
生年月日	明治・大正・昭和 年　月　日生（満　歳）		❸ 생년월일	※ 男 ・ 女
携帯電話番号		E-MAIL		

写真を貼る位置
1. 縦 36～40mm
横 24～30mm
2. 本人単身胸から上
3. 裏面にのりづけ
4. 裏面に氏名記入

ふりがな	❹ 후리가나	電話　(　　　) ―
現住所〒	❺ 주소	FAX　(　　　) ―
ふりがな	❻ 후리가나	電話　(　　　) ―
連絡先〒	（現住所以外に連絡を希望する場合のみ記入） ❼ 주소	FAX　(　　　) ―

年	月	学歴・職歴（各項目ごとにまとめて書く）
		❽ 학력・경력

記入上の注意　1：鉛筆以外の黒または青の筆記具で記入。2：数字はアラビア数字で、文字はくずさず正確に書く。

　　　　　　　3：※印のところは、該当するものを○で囲む。

구직 활동에서 이력서는 반드시 제출해야 하는 중요한 서류이다. 언어능력과 함께 이력서의 작성 방법과 내용에 따라 일본 구직 문화의 이해도까지 종합적으로 평가될 수 있다. 그러니 격식을 갖춘 이력서로 성공적인 구직 활동을 펼쳐 보자.

> **이력서 작성할 때 주의할 점**
> 1 이력서는 반드시 일본어로 작성한다.
> 2 검정색 펜으로 작성한다.
> 3 한자는 정확하게 작성한다.
> 4 사진은 최신 3개월 이내의 증명사진으로 한다.

❶, ❷ 성명: 이름은 한자로 기입하고, 발음은 가타카나로 기입한다. 예) 李善雨(イ ソヌ)

❸ 생년월일: 연호에 맞게 생년월일을 기입하고 성별을 체크한다..

→ 연호 계산기: http://www.linksyu.com/nengo.htm

❹, ❺ 현주소: 휴대전화번호와 함께 현주소를 한자로 기입하고, 발음(후리가나)은 가타카나로 기입한다.

❻, ❼ 현주소 이외의 주소: 만약 있다면 기입한다.

❽ 학력과 경력: 학력은 고등학교부터 입학과 졸업 순으로 기입하며, 경력은 아르바이트라도 이제까지 경험한 내용을 모두 기입한다.

年	月	学歴・職歴（各項目ごとにまとめて書く）

通勤時間 約 時間 分	扶養家族数	❾ 개인정보	配偶者	配偶者の扶養義務
最寄り駅 線 駅	配偶者を除く 人		有・無	有・無

特技・趣味・得意科目等

❿ 특기 · 취미 등

志望の動機

⓫ 지원동기

本人希望記入欄（特に給料・職種・勤務時間・勤務地・その他についての希望などがあれば記入）

⓬ 시급, 직종, 근무시간 등 희망사항 기입

保護者（本人が未成年者の場合のみ記入） ⓭ 보호자정보(미성년자의 경우)		電話 ( ) －
ふりがな		
氏 名	住 所〒	FAX ( ) －

❾ 개인정보: 통근 시간, 집에서 가까운 역, 부양가족 수, 배우자 유무, 배우자의 부양 유무 등을 기입한다.

❿ 특기와 취미: 특기와 취미 등 장점을 적고 자격증 또한 필요하다면 빠짐없이 기입한다.

⓫ 지원 동기: 당락에 가장 중요한 요소로, 아르바이트 지원 동기를 소신껏 작성한다.

⓬ 희망사항: 시급, 직종, 근무시간 등 채용되었을 때 회사에 바라는 점을 모두 기입한다.

⓭ 보호자 정보: 미성년자의 경우에 해당하며, 워홀러나 유학생의 경우 해당 사항 없다.

04 출입국관리국 이용

일본 생활에서 출입국관리국을 찾을 일은 크게 '체류카드 재발급, 자격외활동허가서 발급, 재류자격 변경' 등의 3가지 유형으로 나눌 수 있다. 과거 체류카드 제도가 신설되기 전에는 재입국허가서 발급 또한 출입국관리국에서 진행했지만, 최근 체류카드 제도 도입으로 재입국허가서가 불필요해지면서 주로 위의 3가지 경우에 출입국관리국을 찾고 있다.

일본 관할 출입국관리국: http://www.immi-moj.go.jp/korean/soshiki (한국어)

체류카드 재발급

체류카드는 보통 정규 비자로 일본에 첫 방문할 때 입국 심사와 함께 발급받는 ID 카드이다. 만약 체류카드를 분실했다면 여러 가지 제약이 따르니 반드시 출입국관리국에서 재발급을 받아야 한다.

준비물
1 여권
2 최근 3개월 이내의 증명사진 (3x4cm)
3 분실증명서 (분실 시 반드시 필요하며 가까운 경찰서에서 발급)
4 체류카드 재발급 신청서 (출입국관리국 소정 양식)

자격외활동허가 발급

자격외활동허가 또한 첫 입국 심사 때 신청서를 제출하면 간단하게 해결할 수 있지만, 간혹 유학 비자로 입국하는 사람들 중 아르바이트 계획이 없다는 이유로 신청을 생략하고 입국하는 경우가 있다. 혹시라도 입국 후에 마음이 바뀌어 아르바이트 활동을 시작하고 싶다면 반드시 출입국관리국에서 자격외활동허가를 받아야 한다. 다음 준비물을 가지고 출입국관리국에 가서 신청하면 된다. (유학 비자만 해당하며, 아르바이트 계획이 없어도 번거로움을 피하기 위해서 입국 심사 때 신청할 것을 권장한다.)

준비물
1 여권
2 체류카드
3 자격외활동허가 신청서 (출입국관리국 소정 양식)

재류자격 변경

일본 생활을 1년 이상 하다 보면 전문학교나 대학으로의 진학 또는 취업 등을 이유로 현재의 워킹홀리데이(유학) 재류자격 在留資格을 앞으로의 재류자격에 맞게 변경해야 하는 경우가 있다. 재류자격 변경 신청 후 발급까지 평균 2주 이상이 소요된다. 체류 목적에 따라 추가 준비 서류가 달라지기 때문에 재류자격 변경을 신청하기 위해서는 반드시 관할 출입국관리국에 문의하여 준비 사항을 체크하는 것이 좋다.

출입국관리국 정보

도쿄
주소: 東京都港区港南5-5-30
전화번호: 03-5796-7111

오사카
주소: 大阪府大阪市住之江区南港北一丁目29番53号
전화번호: 06-4703-2100

1 공짜로 일본어 배우기
2 일본 대학 입학하기
3 한국보다 학비가 싼 일본의 국립대학교
4 라이벌 명문 전문학교

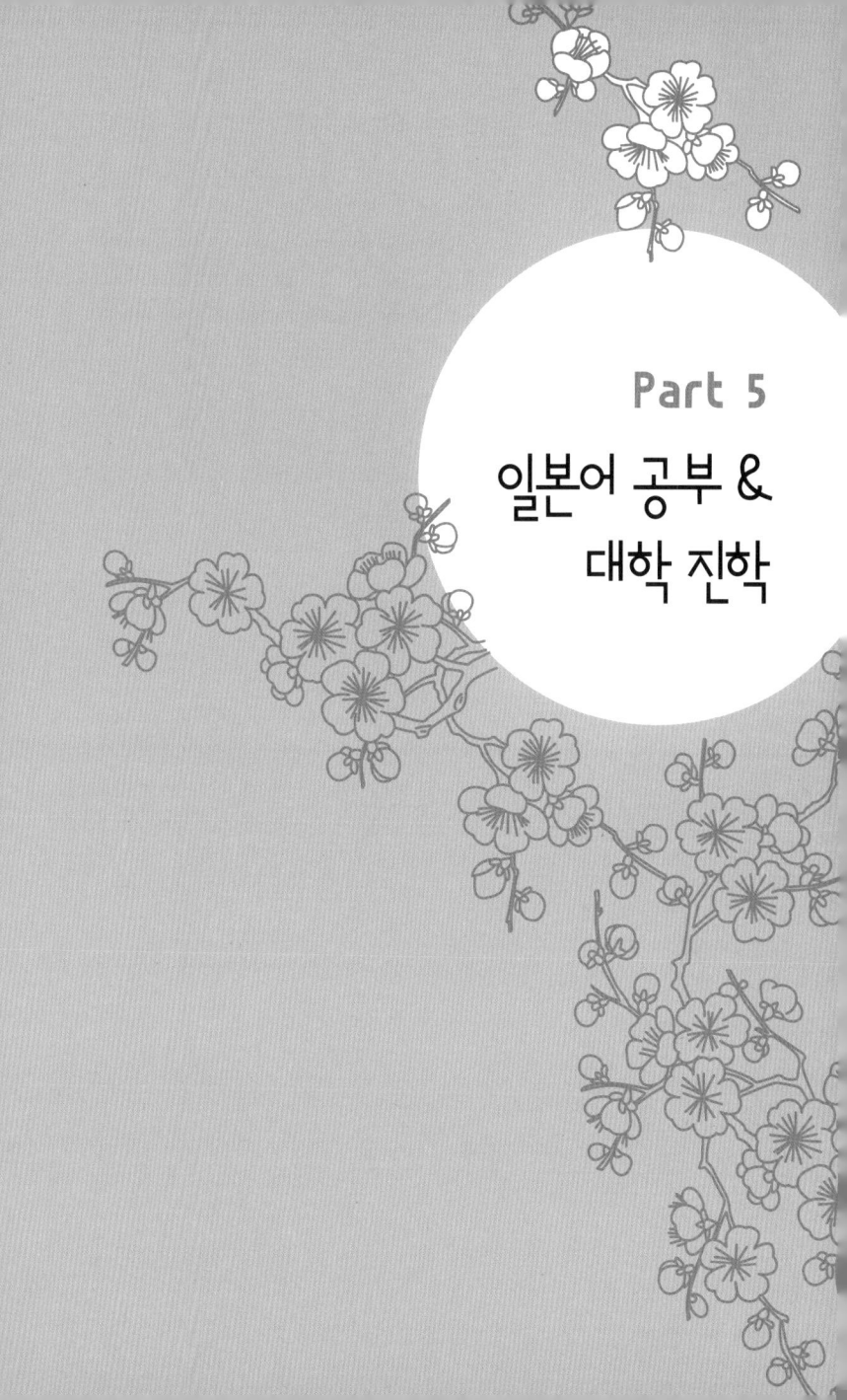

Part 5

일본어 공부 & 대학 진학

01 공짜로 일본어 배우기

어느 나라에 가든 그 나라 말을 할 줄 모르면 이루 말할 수 없이 불편하다. 소소한 일상생활은 물론 일자리 구하기도 쉽지 않다. 많은 이들이 일본에서 생활하면 저절로 일본어가 되는 줄 알고 있는데, 천만의 말씀이다. 노력 없이 저절로 되는 것은 없다고 봐야 한다. 일본어가 서툰 탓에 일본 생활 초기에 도쿄나 오사카의 한인타운에서 자리 잡고 생활하다가 워킹홀리데이 기간을 다 허비하고 한국으로 돌아가는 워홀러들이 더러 있다. 똑같은 시간을 일본에서 보내고 가장 기본적인 언어조차 챙겨 가지 못한다면 워킹홀리데이의 의미는 무엇인지 반문할 수밖에 없다.

그렇다고 어학원을 기를 쓰고 다닐 이유도 없다. 주변에 찾아보면 무료 수업이나 언어 교환 등 돈 들이지 않고 일본어를 배울 수 있는 방법이 얼마든지 있다.

일본 워킹홀리데이는 평생 단 한 번의 기회이다. 정복까지는 아니어도 제대로 된 언어능력을 갖추고 돌아오는 것만큼 성공적인 워킹홀리데이 생활은 다시 없을 것이다. 지금부터라도 일본을 제대로 즐기고 싶거든 가장 기본이 되는 일본어부터 시작해 보자.

무료 일본어 교실

일본의 각 구청이나 시청에서는 외국인을 대상으로 무료 일본어 교실을 운영하고 있다. 이곳에서는 일본어 교사를 준비하는 일본인이나 현역에서 은퇴한 교사 등이 자원봉사로 일본어를 가르쳐 준다. 주 1~2회, 60~90분 정도 수업하며, 사설 일본어학교에 견줄 수는 없지만 일본에서만 수강할 수 있는 무료 수업이니만큼 그 혜택을 꼭 누리기를 바란다. 일본 생활 초기에 거주지 등록과 국민건강보험 가입을 위해 구청이나 시청을 방문할 때 무료 일본어 교실에 대한 정보도 꼭 챙겨 두자.

언어 교환

언어 교환은 서로 다른 국적을 가진 사람들이 만나 상대방의 언어를 함께 공부하는 것이다. 예를 들어 일주일에 한 번씩 2시간 동안 한국인과 일본인이 만나서 언어 교환을 한다고 하면 1시간은 일본어, 1시간은 한국어를 공부하는 것이다. 주제를 정해 프리토킹을 하며 실수하는 부분을 고쳐 줄 수도 있고, 프리토킹이 어렵다면 교재를 정해서 서로 과외 방식으로 해도 된다. 또 교환일기처럼 각자 자신이 외국어로 쓴 일기를 서로 확인하며 틀린 부분을 가르쳐 줄 수도 있다. 언어 교환은 이렇게 다양한 방법으로 진행할 수 있다. 적당한 시간과 장소를 정해서 정기적으로 이어 간다면 언어 학습에 큰 도움이 될 뿐만 아니라 일본인 친구도 사귈 수 있다. 언어 교환 정보는 지역 생활정보지나 야후 재팬 또는 구글에서 '言語交換(언어 교환)' 키워드로 검색하면 다양한 정보를 얻을 수 있다. 최근 한류의 영향으로 한국어를 공부하는 일본인이 늘면서 예전보다 쉽게 언어 교환 상대를 구할 수 있다.

아르바이트

일본 생활 초기에 주로 집과 일본어학교에서만 지내다 보면 만나는 사람도 한정되어 있고, 일본어 실력도 늘 제자리걸음일 게 뻔하다. 어느 정도 일본 생활이 적응기에 접어들었다고 생각되면 일본어학교 선생님이나 선배에게서 얻은 정보를 바탕으로 활동 무대를 넓혀 보자. 슬슬 걱정되는 생활비도 마련하고 여전히 서툴기 짝이 없는 일본어 실력을 갈고닦아 줄 일본인 친구도 사귈 수 있는 기회가 바로 아르바이트이다. 한인 슈퍼마켓은 손님이든 주인이든 한국인이 많을 수밖에 없기 때문에 이왕이면 일본인이 운영하는 곳에서 일할 것을 권한다. 아직 일본어가 서툴러 어쩔 수 없이 한인 슈퍼마켓에서 일을 해야 한다면 청소나 설거지처럼 외따로 하는 일보다는 상점 점원이나 서빙 등 손님들을 직접 상대할 수 있는 일을 선택해야 한다.

교류회

일본에서는 지역별로 한국인이나 기타 외국인들과 일본인 사이에 문화 교류를 위한 다채로운 교류회가 자주 열린다. 한인타운이나 유학생 커뮤니티 혹은 번화가의 상점 등에서 비공식적으로 공지하기 때문에 수시로 인터넷에서 교류 관련 정보를 확인해야 하는 번거로움이 있다. 하지만 일본인 친구를 비교적 쉽게 만날 수 있는데다 일본어와 일본 문화를 익히는 지름길이 될 수도 있으니 기회가 된다면 다양한 교류회에 참가해 보자.

학원

대부분의 워홀러나 유학생들은 일본에서 배우는 곳 하면 일본어학교나 전문학교, 대학교를 떠올리겠지만, 일본에도 한국처럼 학원이 많다. 앞서 말했듯이 일본어학교에는 한국인이나 중국인 학생이 대부분이고, 일본인 선생님과 친구처럼 지내기에는 한계가 있다. 일본 생활 초기에는 또래의 일본인 친구를 만나기가 쉽지 않다. 그런 이유에서 학원비 지출이 좀 생기더라도 일본인이 다니는 학원을 추천하는 것이다. 예를 들어 요리교실, 가라데나 유도 도장, 영어학원 등 찾아보면 얼마든지 있다. 새로운 취미 생활도 즐기고 일본인 친구도 사귈 수 있는 절호의 기회인 셈이다.

공공도서관

일본 전국에는 3,200여 개의 공공도서관이 있다. 도서관 시설 또한 북카페 못지않다. 누구나 이용할 수 있고 회원카드를 만들면 자료 대출도 된다. 일본어가 초중급 수준이라면 일본어 학습서나 일본 어린이책의 도움을 받아 어휘와 독해 실력을 쌓을 수도 있다. 도서 자료실뿐만 아니라 한국처럼 학습실도 갖추고 있어서 조용한 분위기에서 공부하길 원한다면 도서관이 딱이다.

02 일본 대학 입학하기

요즘 같은 대학등록금 천만 원 시대에 국내 대학에 입학하여 학자금 대출받고 얼마 안 되는 아르바이트 시급 받아가며 틈틈이 스펙도 쌓아야 하는 대학 생활을 달가워할 청춘들은 어디에도 없다. 사정이 이렇다 보니 일찌감치 외국의 대학으로 눈을 돌리는 학생들도 많아졌다. 일본의 대학만 해도 다양한 장학금 제도가 있고, 일본 국립대의 경우는 한국에서 사립대학에 다니는 것보다 학비도 적게 든다. 아르바이트 시급도 많게는 2배 가까이 더 받을 수 있다. 이런 이유에서인지 최근 일본 대학에 진학하는 한국 학생들이 훨씬 많아졌다. 물론 하나부터 열까지 온통 낯선 곳에서 유학 생활을 하려면 단단히 결심해야 한다. 여기서는 일본 대학 입학에 대해 좀 더 자세히 알아보자. 일본에서 워홀러로 일과 공부를 병행하며 일본 대학에 지원하는 경우, 유학 비자로 일본어학교 입시 준비반에서 공부하는 경우, 일본이 아닌 한국에서 일본 대학 입시학원을 다니는 경우, 이도 저도 아닌 독학으로 준비하는 경우 등 구체적인 방법이 얼마든지 있다.

일본의 대학에 입학하기 위해서는 기본적으로 유학생들의 수능이라 할 수 있는 일본유학시험(EJU)에 응시해야 한다. 이외에도 토플이나 논술 등 대학과 전공에 따라 본고사를 추가로 보는 곳이 많다. 국립대나 사립명문대 등 우수 대학일수록 EJU 이외의 본고사를 보는 곳이 많다. 따라서 각 대학의 입시 요강을 잘 알아보고 자신에게 유리한 곳을 선택하여 준비한다면 합격할 가능성도 그만큼 높다. 대학별로 입시 요강이 발표되면 입시 일정, EJU 성적 반영 여부, 시험 과목, 면접 등 구체적인 내용을 확인하고, 전년도 입시 요강과 기출문제를 참고하는 것도 좋은 방법이다.

일본유학시험(EJU)

일본유학시험(EJU)은, 과거 일본의 대학(학부) 등에 입학할 때 의무화했던 〈일본어능력시험〉과 〈사비 외국인 유학생 통일시험〉이 폐지되고 이 두 가지 시험이 변경된 시험이다. 일본의 대학(학부) 등에 입학을 희망하는 외국인 유학생에 대하여 일본의 대학 등에서 필요로 하는 일본어능력 및 기초학력의 평가를 목적으로 일본학생지원기구(JASSO)가 실시한다.

EJU의 시험 과목은 일본어 과목, 이과(물리·생물·화학), 종합 과목(정치경제·지리·역사), 수학(1, 2)이며, 각 대학이 모집 요강에서 지정하고 있는 수험 과목을 선택해서 보면 된다. 일본어 과목을 제외한 기타 과목은 일본어와 영어 중 출제 언어를 선택할 수 있다. 연 2회 6월과 11월의 셋째 일요일에 시험이 실시되는데, 2회 모두 응시하여 더 좋은 점수를 선택할 수도 있다. 시험은 일본 국내와 국외에서 실시되는데, 한국에서는 약 4개월 전에 접수하여 서울과 부산에서 볼 수 있다. 수험료는 1과목의 경우 55,360원, 2과목 이상의 경우 85,360원이다. (1과목 수험자의 경우 2과목 이상 수험할 수 없음)

대부분의 일본 대학에서 유학생 특별전형을 실시하므로 EJU 성적이 우수하면 일본인 학생보다 더 쉽게 일본의 대학에 입학할 수 있다. 또한 전문학교 진학 시 입학 지원 자격 조건으로 일본어능력시험(JLPT)과 함께 EJU 성적을 인정한다. 특히 EJU 성적우수자가 일본의 대학이나 전문학교에 입학을 하게 되면 매월 48,000엔의 '유학생 학습장려비'를 지급하는 제도가 있다. 덧붙이자면, 외국인 유학생이 일본의 대학, 대학원, 전문학교 등에 유학하는 경우 일본 정부 장학금, 학교 내부 장학금, 장학단체 장학금, 지방자치단체 장학금 등 다양한 장학금이 마련되어 있으므로 세계 제일의 유학생 장학금 제도의 기회를 꼭 누려 보기를 바란다.

EJU 한국 http://www.ejutest.com
EJU 일본 http://www.jasso.go.jp/eju

일본 대학 입시 과정

대학의 입시 요강 공표 → 원서 접수 → 제1차 전형 → 합격자 발표 → 제2차 전형 → 합격자 발표 → 입학 수속 및 입학

※ 제1차 전형은 서류 심사이며, 제2차 전형은 지원 대학(학부)에 따라서 실시 여부 및 시험 과목이 상이함

일본에서 준비하기

일본어학교에 재학 중인 유학생이나 워킹홀리데이 비자로 일본에 체류 중인 워홀러라면 비교적 쉽게 대학 입학을 준비할 수 있다. 아무래도 현지에 있으니 대학의 정보와 원서 등을 쉽게 구할 수 있고, 면접 등 최종 입학까지 여러모로 한국에서 준비하는 것보다 편리하다. 특히 일본어학교의 대입 대책반에서 공부하는 학생은 입시 전문 담당교사의 도움으로 좀 더 안정적으로 준비할 수 있다. 서점에 가면 다양한 EJU 교재와 외국인을 위한 대입 안내 정보서를 판매하고 있으니 학원에 갈 여유가 안 되는 사람은 독학으로 공부할 수도 있다.

한국에서 준비하기

EJU는 일본이 아닌 국내에서도 연 2회 실시되고 있어서 한국에서도 충분히 일본의 대입을 준비할 수 있다. 보통 현역 고등학생이 일본 대입 전문학원을 다니며 준비하는 경우가 많다. 한국의 서점에서도 다양한 EJU 교재를 구할 수 있다. 일본에서 공부하는 것에 비해 비용면에서는 장점이 있지만, 일본어 환경이 아닌 한국에서 공부하기 때문에 일본어는 물론 EJU에 대한 준비가 더 철저해야 합격할 수 있다. 본고사와 면접은 당연히 일본을 오가며 봐야 한다.

3. 한국보다 학비가 싼 일본의 국립대학교

한국의 서울대, 고려대, 연세대를 '스카이(SKY)'라고 부르는 것처럼 일본의 도쿄, 교토 소재의 명문 4대학을 합쳐 흔히 '도쿄잇코東京一工'라고 한다. '도쿄잇코'는 일본의 국립대학인 도쿄 대학, 교토 대학, 히토츠바시 대학, 도쿄 공업대학 4곳의 약칭이다. 이들 대학은 영국의 대학 평가기관인 QS의 세계 대학 평가 순위에서 해마다 높은 순위를 기록하는 우수 대학일 뿐만 아니라 이미 오래 전부터 노벨상 수상자를 다수 배출하고 있는 높은 수준의 대학이다. 또한 정재계를 비롯 법조계, 연예계 등 일본 사회의 다양한 분야에서 맹활약하는 저명인들이 바로 이들 대학 출신이다.

뭐니뭐니해도 일본 국립대학의 장점은 부담 없는 학비로 수준 높은 교육을 받을 수 있다는 점이다. 국립대학의 1년 학비는 약 55만 엔으로 사립대학의 절반 수준이니 한국의 사립대보다도 훨씬 저렴하다.

도쿄대학 東京大学

도쿄 대학은 따로 설명이 필요 없을 정도로 유명한 일본 최고의 국립대학이다. 영국의 대학 평가기관인 QS에서 해마다 세계의 대학 랭킹 순위를 발표하는데, QS 세계 대학 평가 순위 2020에서 22위를 기록했으며, 그 위상은 한국의 서울대학교보다 높다고 할 수 있다. 전 일본 총리 하토야마 유키오를 비롯하여 일본의 현역 국회의원과 관료 경험자 중 도쿄 대학 출신이 가장 많다. 또한 연구 보조금이 가장 많은 대학으로 역대 일본인 노벨상 수상자 가운데 7명이 바로 도쿄 대학 출신이라는 점은 명실상부 일본 최고의 연구 대학이라는 것을 알 수 있다. 어느 학부를 지원하든 2학년까지는 교양학부에 소속되어야 하며, 2015년 현재 교직원이 약 4,900명, 석·박사 과정의 학생이 약

5,000명. 학부생 수가 약 14,000명으로 이 가운데 약 200명의 외국인 유학생이 도쿄 대학에서 공부하고 있다.

http://www.u-tokyo.ac.jp

교토 대학 京都大学

교토 대학은 도쿄 대학에 이어 일본 2위의 명문 대학이다. 일본 내에서는 문과는 도쿄 대학, 이과는 교토 대학이라는 말이 있을 정도로 이공계를 대표하는 일본 최고의 국립 대학으로 물리학자인 에사키 레오나를 비롯하여 현재까지 6명의 노벨상 수상자를 배출하였다. 입시에 있어서도 교토 대학은 도쿄 대학보다 더 어려운 문제만 출제하여 일본 내에서는 교토 대학 입학이 더 힘들다는 우스갯소리도 있다. QS 세계 대학 평가 순위 2020에서 도쿄 대학에 이어 두 번째로 높은 33위를 기록했다. 총 학부생 수는 약 13,000명이며, 석·박사 과정의 학생 수는 약 9,300명이다.

http://www.kyoto-u.ac.jp

히토츠바시 대학 一橋大学

히토츠바시 대학은 1920년에 설립된 국립대학이다. 상학, 경제학, 법학, 사회학 등 4개의 문과 학부로만 구성된 우수 대학으로, 설립 이래 지금까지 정재계와 법조계에 많은 인재를 배출하였다. 서로 마주한 채 동서로 나뉜 캠퍼스를 중심으로 자전거도로는 물론 주변 상가들이 발달하여 대학 생활을 하기에 편리하다. 또한 히토츠바시 대학의 건물들은 상당히 고풍스럽다. 해마다 열리는 국내의 일본 유학박람회에서 일본 대학 진학을 희망하는 준비생들의 높은 관심으로 대기 행렬까지 생기는 인기 대학 중 하나이다. 일본 내에서는 도쿄, 교토 대학에 이어 3위의 국립대학으로 알려져 있으며, 교직원 수는 약 560명이며, 학부생 약 4,500명이 공부하고 있다.
http://www.hit-u.ac.jp

도쿄 공업대학 東京工業大学

도쿄 메구로에 위치한 도쿄 공업대학은 일본의 상위 4대 국립대학 중 하나이다. 문과계 우수 대학으로 히토츠바시 대학을 꼽는다면 이과계에서는 도쿄 공업대학을 꼽을 수 있으며 마치 한국의 카이스트 대학과 비슷한 느낌으로 접근하면 이해가 빠를 것이다. 일본 최고의 공과대학으로 이 대학 출신의 노벨상 수상자로는 일본의 화학자 시라가와 히데키가 2000년에 노벨 화학상을 수상하였으며, QS 세계 대학 평가 순위 2020에서 도쿄 대학, 교토 대학, 오사카 대학에 이어 58위를 기록하였다. 학부생이 약 4,700명, 석·박사 과정의 학생이 약 5,000명이다.
http://www.titech.ac.jp

오사카 대학 大阪大学

도쿄 대학, 교토 대학에 이어 일본의 종합대학 중 서열 3위에 해당하는 오사카 대학은 1931년 일본의 여섯 번째 제국대학으로 설립되었으며, 오사카를 대표하는 국립대학이다. 정치, 금융, 산업 등의 분야에 수많은 인물을 배출하였으며, 글로벌 기업 소니의 창업자 모리타 아키오와 파나소닉을 이끌며

2000년대를 대표하는 경영의 신 나카무라 구니오가 이 대학 출신인 만큼 특히 경영 쪽으로 유명한 국립대학이다. QS 세계 대학 평가 순위 2020에서 71위를 기록했으며, 문학부, 인간과학부, 외국어학부, 법학부, 경제학부, 이학부, 의학부, 치학부, 약학부 등 11개의 학부와 약 13,000명의 학부생이 있다.
http://www.osaka-u.ac.jp/ja

도호쿠 대학 東北大学

미야기 현 센다이 시에 위치한 도호쿠 대학은 QS 세계 대학 평가 순위 2020에서 82위를 기록한 미야기를 대표하는 일본의 국립 종합대학이다. 10개의 학부와 16개의 연구과를 비롯하여 다수의 연구 조직과 시설을 운영하고 있는 도호쿠 대학은 적잖은 연구 성과는 물론 꾸준히 이공계에 뛰어난 인물을 배출하고 있다. 특히 최근 혈액 검사로 알츠하이머병을 조기에 진단할 수 있는 기술을 개발한 2002년 노벨 화학상 수상자 다나카 고이치와 플래시 메모리를 발명한 마스오카 후지오 등이 도호쿠 대학 출신이다.
http://www.tohoku.ac.jp/japanese/

나고야 대학 名古屋大学

아이치 현에 위치한 나고야 대학은 도쿄 대학, 교토 대학에 이어 가장 많은 노벨상 수상자를 배출한 나고야 지역 최우수 국립 종합대학이다. 2014년 노벨 물리학상 수상자인 아마노 히로시, 아카사키 이사무 등을 포함하여, 현재까지 대학 출신 및 교수로 6명의 노벨

상 수상자를 배출하였다. 최근의 노벨상 수상자 배출로 인해 현재 일본에서 가장 화제의 중심에 있는 대학이라 할 수 있다. QS 세계 대학 평가 순위 2020에서 115위를 기록하였으며, 학부생 약 10,000명, 석·박사 과정의 학생 약 6,000명이 나고야 대학에서 공부하고 있다

http://www.nagoya-u.ac.jp/

규슈 대학 九州大学

후쿠오카에 위치한 규슈 지역을 대표하는 국립 종합대학이다. 문학부, 교육학부, 법학부, 경제학부, 이학부, 의학부, 치과학부, 약학부, 공학부, 예술공학부, 농학부 등 11개의 학부와 약 12,000명의 학부생이 있으며, 규슈 대학 출신으로는 우주비행사 와카타 고이치와 소설 〈세상의 중심에서 사랑을 외치다〉의 작가 가타야마 교이치 등 수많은 유명인이 있다. QS 세계 대학 평가 순위 2020에서 132위를 기록했다.

http://www.kyushu-u.ac.jp

홋카이도 대학 北海道大学

1918년 개교한 삿포로 시의 홋카이도 대학은 QS 세계 대학 평가 순위 2020에서 132위를 기록한 홋카이도의 국립 종합대학이다. 겨울이 되면 눈축제로 유명한 삿포로와 하코다테에 캠퍼스를 두고 있으며, 초대 부총장인 윌리엄 S 클라크는 '소년이여 야망을 가져라!'라는 유명한 격언을 남기기도 하였다. 노벨 화학상 수상자와 정치인, 예술가 등 많은 저명한 인물들이 이 대학 출신이다.

http://www.hokudai.ac.jp

츠쿠바 대학 筑波大学

이바라키 현 츠쿠바 시에 위치한 국립 종합대학인 츠쿠바 대학은 1872년에 설립되었다. 적극적인 산학 연계(産学連携) 활동으로 츠쿠바 대학에서 배출한 벤처 기업의 수는 일본의 대학 중 세 번째로 높은 순위를 차지한다. 물리학자 도모나가 신이치로, 화학자 시라카와 히데키 등 노벨 물리학상과 화학상 등 3명의 노벨상 수상자를 배출하기도 하였다. QS 세계 대학 평가 순위 2020에서 270위를 기록했으며, 학부생 수는 약 12,000명이다.

http://www.tsukuba.ac.jp

지바 대학 千葉大学

1949년에 설립된 지바 대학은 지바 의과대학, 동(同) 대학 부속 의학전문부와 약학전문부, 지바 사범학교, 지바 청년사범학교, 동경 공업전문학교, 지바 농업전문학교 등을 통합하여 설립한 국립 종합대학으로 약 15,000명의 학부생이 공부하고 있다. 문학부, 법경학부, 교육학부, 이학부, 공학부, 의학부, 약학부, 간호학부, 원예학부 등 학부 수가 많으며, 인재 확보를 위해서 고등학교 2년 수료 단계에서 입학이 가능한 대학 조기 입학 제도를 실시하고 있는 것이 특징이다. 가와사키병을 처음 발견한 가와사키 도미사쿠와 남코의 유명 게임 개발자인 엔도 마사노부가 이 대학 출신으로 의학, 이과계에서 저명한 인물들을 배출하였다.

http://www.chiba-u.ac.jp

요코하마 국립대학 橫浜国立大学

경제경영으로 유명한 대학 중 하나인 요코하마 국립대학은 교육인간과학부, 경제학부, 경영학부, 이공학부 등 4개의 학부로 구성되어 있으며, 특히 경제경영이 충실한 국립 종합대학이다. 일본 경제신문인 닛케이신문사의 회장인 스기타 료키, 전 미츠비시 자동차 사장인 가와소에 가츠히코, 반다이 남코의 설립자 나카무라 마사야, 영화 〈러브레터〉로 유명한 감독 이와이 슌지 등 다양한 분야의 뛰어난 인물들이 이 학교 출신이다.
http://www.ynu.ac.jp

오차노미즈 여자대학 お茶の水女子大学

긴 이름 탓에 일명 오차대라 불리는 오차노미즈 여자대학은 마치 한국의 이화여자대학교에 비할 수 있는 일본에서 가장 오랜 역사를 자랑하는 우수한 여자대학이다. 학군이 좋은 곳으로 유명한 분쿄구文京区에 위치하였으며, 1932년 관동 대지진 때 교사가 소실되어 현재의 위치로 이전하게 되었다. 이학부, 문교육학부, 생활학부 등 3개의 학부로 나뉘며 학부 내에는 12개의 학과로 구성되어 있다. 교원 약 90명, 학부생 약 2,300여 명으로 교수 1명당 담당 학생 수가 적기 때문에 사제 간의 관계가 돈독하다는 것이 특징이다. 일본의 아나운서 가운데 특히 이 대학의 출신이 많으며, 그 밖에도 작가, 학자 등 수많은 인물을 배출하고 있다.
http://www.ocha.ac.jp

도쿄 외국어대학 東京外国語大学

1949년에 설립된 도쿄 외국어대학은 영어, 러시아어, 독일어, 스페인어, 중국어 등 오로지 어문 계열을 전문으로 하고 있는 국립대학으로, 많은 어학전문가가 소속되어 있는 일본의 유일한 외국어대학이다. 대학명의 영어 이니셜에서 UFS로도 불리며, 외국어대학의 특성상 전 세계의 다국적 학생들의 국제 교류 활동이 활발한 것이 특징이다. 전 세계 35개국 78개의 대학들과 연구 및 교육 등의 학술 교류 협정을 체결하였으며, 32개국의 65개의 대학들과는 학점 교류 협정을 체결하여 시행하고 있다.
http://www.tufs.ac.jp

도쿄 예술대학 東京藝術大学

1949년 도쿄 미술학교와 도쿄 음악학교를 합병하여 창립한 도쿄 예술대학은 일본의 국립 예술대학이다. 음악과 미술 2개의 학부에 14개의 학과로 구성된 도쿄 예술대학은 현재까지 미술, 음악, 건축, 디자인 등의 분야에서 일본 예술계를 대표하는 수많은 인물들을 배출하였다. 음악 학부생과 대학원 재학생 25명을 중심으로 다양하게 활동하고 있는 실내 오케스트라 도쿄 예대 체임버 오케스트라東京藝大チェンバーオーケストラ와 예대 필하모니아藝大フィルハーモニア는 도쿄 예술대학의 오케스트라로 유명하다. 또한 2005년 도쿄 예술대학 대학원에 설치된 영상연구과에서는 영화 〈옐로우 키드〉의 감독 마리코 데츠야를 포함하여 8명의 감독을 배출하기도 하였다.
http://www.geidai.ac.jp

4 라이벌 명문 전문학교

| 패션 · 복장 |

문화 복장학원 文化服装学院

1923년 설립된 일본 최초의 복식 교육 전문학교로 패션 산업 전반에 걸친 다양한 학과 편성과 실습을 중심으로 패션 전문가를 육성하고 있다. 세계적으로 유명한 디자이너를 많이 배출하여 글로벌 패션 전문학교로 인정받고 있는 교육기관이다. 전공에 따라 1~4년 과정이 있고, 첫해 학비는 120~130만 엔 수준이다.
http://www.bunka-fc.ac.jp/kr

도쿄 모드학원 東京モード学園

1979년 설립된 일본의 복식 및 토털 뷰티 전문학교이다. '소질과 센스, 재능은 모드에서 가르친다'라는 슬로건의 독자적인 교육 시스템으로 전문 능력이 없는 패션 초보라도 체계적으로 배울 수 있다. 모든 전공은 2년 과정으로 첫해 학비는 약 147만 엔이다.
http://www.mode.ac.jp/korean

> 컴퓨터·
> IT·게임

일본 전자전문학교 日本電子専門学校

CG, 디자인, 게임, 애니메이션, WEB, IT 등 전자전기 관련 전문 기술을 교육하는 전문학교로 1951년에 설립되었다. 설립 초기에는 라디오 텔레비전 기술자 육성을 시작으로 최근에는 전자전기 관련 분야의 전문 인재 육성에 힘쓰고 있다. 2013년에는 일본 마이크로소프트사와 연계하여 정보비즈니스라이센스과의 커리큘럼을 공동으로 발표하는 등 최첨단 IT 환경 조성에도 힘쓰고 있다. 오랜 전통과 노하우로 남코, 세가 등 일본 최고의 게임 회사로의 높은 취업률을 자랑한다. 전공에 따라 2~3년 과정이 있으며 첫해 학비는 약 125~140만 엔이다.
http://www.jec.or.kr

HAL 도쿄 HAL東京

게임, CG, 애니메이션, 뮤직, 자동차 디자인, 로봇, WEB, IT 분야를 전문적으로 교육하는 일본 최대 규모의 전문학교이다. 1984년 설립되었으며 도쿄를 비롯하여 오사카, 나고야에 캠퍼스를 운영하고 있다. 닌텐도, 마이크로소프트 등 글로벌 기업과 다각적으로 연계하여 최첨단 학습 환경 속에서 세계를 무대로 활약할 크리에이터 양성에 힘쓰고 있다. 전공에 따라 2~4년 과정이 있으며 첫해 학비는 약 164만 엔이다.
http://www.hal.ac.jp/korean

> 조리

츠지 조리사전문학교 辻調理師專門学校

53년 이상의 오랜 역사를 자랑하는 오사카의 조리 전문학교로 '진짜 음식'에 대해서 배울 수 있는 최고의 환경을 갖추고 있다. 37명의 클래스 담임제를 운영하여 단순히 '조리사'에 머물지 않고, 다양한 음식 관련 일에 종사하는 인재 육성을 목표로 한다. 전공에 따라 1～2년 과정이 있으며 첫해 학비는 약 190～215만 엔이다.

http://www.tsujicho.com

핫토리 영양전문학교 服部栄養專門学校

1955년 설립된 핫토리 영양전문학교는 일본 전국 영양사 양성 전문학교 협의회장 겸 유명 요리평론가인 핫토리 유키오가 운영하는 조리 전문학교이다. 오사카에 츠지 조리사전문학교가 있다면 도쿄에는 핫토리 영양전문학교가 있다고 할 수 있다. 일본 국내외의 일류 강사진과 실습실, 실험실 등의 최첨
단 학습 환경으로 프로 요리사를 꿈꾸는 미래의 인재 육성을 목표로 한다. 전공에 따라 1～2년 과정이 있고, 첫해 학비는 140～160만 엔 수준이다.

http://www.hattori.ac.jp

제과 · 제빵

도쿄 제과학교 東京製菓学校

1953년 설립된 도쿄 제과학교는 양과자, 화과자, 빵 등 세분화된 전공에서 각 분야의 전문인을 양성하고 있다. 우수한 커리큘럼과 최고의 시설에서 집중 교육하여 어떤 상황에서도 대응 가능한 프로 제빵사를 육성한다. 2년 과정으로 첫해 학비는 약 240만 엔이다.
http://www.tokyoseika.ac.jp

일본 과자전문학교 日本菓子専門学校

1960년 전국과자공업조합연합회를 중심으로 모리나가, 메이지 등 일본의 대형 과자 제조업체와 협력하여 설립된 제과전문학교이다. 제과제빵업계의 미래 인재 양성을 목표로 기초 지식과 기술 습득에 집중하여 과자 제조업계의 많은 인재를 배출하고 있다. 전공에 따라 1~2년 과정이 있으며 첫해 학비는 150만 엔 수준이다.
http://www.nihon-kashi.ac.jp/korean

호텔 · 관광

JTB 트래블 & 호텔컬리지 JTBトラベル&ホテルカレッジ

세계 최대 클래스의 여행 기업인 JTB 그룹이 설립한 전문학교로 개교 이래 31년간 99.9%의 경이로운 취업률을 자랑한다. 이 가운데 절반은 JTB 그룹에 취업하였다. JTB 해외 지점 실습 등 해외 파견의 기회가 열려 있는 곳으로, 호텔과 관광 분야를 집중적으로 배울 수 있다. 2년 과정으로 첫해 학비는 130만 엔 수준이다.

 http://www.jtb-college.ac.jp

도쿄 에어트래블 호텔전문학교 東京エアトラベル・ホテル専門学校

여행 플래너, 호텔리어, 항공승무원, 철도 운전사 등 서비스 관련 전공을 집중적으로 교육하는 전문학교이다. 서비스업 전문 지식은 물론 실전 같은 실습 교육으로 졸업생들의 관련 기업 취업률이 아주 높다. 한국의 아시아나항공과 중국의 동방항공의 채용 지정교이기도 하다. 2년 과정으로 전공에 따라 첫해 학비는 100∼130만 엔 수준이다.
http://www.technosac.jp/air

통역·번역

도쿄 외어전문학교 東京外語専門学校

국제 감각의 인재 양성을 목표로 1976년에 설립된 통번역 전문학교이다. 일본과 한국의 기업과 국제 행사 등 다양한 분야에서 활동하는 프로 통역가와 번역가가 될 수 있도록 집중적으로 교육한다. 2년 과정으로 첫해 학비는 약 115만 엔이다.

http://www.tflc.ac.jp

일본 외국어전문학교 日本外国語専門学校

1970년에 통역가이드 양성소로 설립되었으며 어학에 관한 유일한 국가시험인 통역안내사를 양성하는 일본 최초의 전문 교육기관이다. 현대적인 커리큘럼으로 일본어 통번역을 전문으로 교육하고 있다. 2년 과정으로 첫해 학비는 약 100만 엔이다.

http://www.jcfl.ac.jp

1 저렴한 일본 음식 체인점
2 패스트푸드점과 패밀리 레스토랑
3 일본 대표 온천
4 일본 3대 하나비 & 도쿄 3대 하나비
5 일본 3대 마츠리 & 에도 3대 마츠리

Part 6
일본 즐기기

1 저렴한 일본 음식 체인점

요시노야 吉野家

요시노야는 규동牛丼 전문의 저렴한 음식점이다. 마츠야, 스키야와 함께 일본을 대표하는 3대 규동 체인점 중 하나로 가장 오랜 전통을 자랑한다. 소고기 향이 다소 강한 요시노야 규동은 착한 가격과 빠른 준비로 꾸준히 일본 국민들의 사랑을 받고 있다. 지금은 일본을 대표하는 서민 음식점으로 일본뿐 아니라 중국, 홍콩, 타이완, 필리핀, 싱가포르, 미국 등지에 글로벌 체인점을 운영하고 있다.
http://www.yoshinoya.com

마츠야 松屋

마츠야 또한 요시노야와 함께 일본을 대표하는 저가형 규동 전문 체인점이다. 마츠야는 다른 규동 체인점에 비해 다양한 메뉴를 선보이고 있다. 규동은 물론 카레라이스, 갈비, 삼겹살, 정식 세트 등을 저렴한 가격으로 맛볼 수 있다. 규동 보통 사이즈 가격이 320엔, 정식이 600~800엔이니 일본의 3대 규동 체인점 중에서도 가장 저렴한 편이다. 규동 특유의 향이 불편하다면 마츠야의 김치 토핑 기무카루동 キムカル丼을 추천한다.
http://www.matsuyafoods.co.jp

스키야 すき家

스키야는 규동과 카레 전문 체인점이다. 이곳에서는 김치, 치즈, 고추냉이, 파, 양파, 마요네즈 등 다양한 토핑으로 규동의 차별화된 맛을 즐길 수 있다. 특히 규동 특유의 소고기 냄새를 싫어한다면 스키야의 인기 메뉴인 김치규동이나 파 규동을 찾으면 된다. 저가형 체인점답게 가격대는 규동 단품이 290엔 정도 이고, 토핑에 따라서 요금이 추가된다.

http://www.sukiya.jp

하나마루 우동 はなまるうどん

우동 전문 체인점이다. 평균 400엔대의 저렴한 가격에 맛까지 좋아 우동 마니아의 꾸준한 사랑을 받고 있는 곳이다. 메뉴나 토핑이 워낙 다양해 남녀노소 부담 없이 즐겨 찾는다. 우동 정기권 제도를 운영하는 것이 특징이다. 규동 전문 프랜차이즈 기업인 요시노야에서 운영하는 체인점으로 가격이 저렴한 만큼 특히 학생들과 회사원들에게 인기가 높다.

http://www.hanamaruudon.com

나카우 なか卯

나카우는 돈부리와 우동을 전문으로 하는 음식 체인점이다. 규동은 물론 오야코동, 가츠동 등 다양한 일본식 덮밥을 500엔 안팎으로 맛볼 수 있으며, 우동은 400엔 정도 한다.
http://www.nakau.co.jp

고라쿠엔 幸楽苑

최저 440엔 정도의 저렴한 가격으로 일본의 전통 라면을 즐길 수 있는 라면, 소바, 우동 전문 체인점이다. 일본의 모든 종류의 라면을 부담 없는 가격에 섭렵할 수 있는 완벽한 메뉴 구성이야말로 고라쿠엔만의 대중적인 인기의 비결이라고 할 수 있다.
https://www.kourakuen.co.jp

나가사키 짬뽕 린가하토 長崎ちゃんぽんリンガーハット

나가사키 짬뽕 전문 체인점인 린가하토는 100% 일본 국내산 채소와 면 등 신선한 재료를 엄선하여 조리하는 것이 특징이다. 짬뽕 이외에 접시우동, 만두, 볶음밥 등 사이드 메뉴도 푸짐하고 알차게 구성해 놓았다. 650엔 안팎이면 다양한 맛의 짬뽕을, 150엔 정도의 저렴한 가격으로는 군만두를 맛볼 수 있다.
http://www.ringerhut.jp

교자노오쇼 餃子の王将

교자노오쇼는 교자餃子를 메인 메뉴로 볶음밥, 팔보채, 탕수육 등 중화풍의 식사를 일본식으로 저렴한 값에 즐길 수 있는 중화요리 전문 체인점이다. 인기 메뉴인 군만두 6개의 가격이 260엔 정도이고 볶음밥과 일품요리의 평균 가격이 500엔 정도라서 누구나 부담 없이 중화요리를 즐길 수 있는 것이 특징이다. 매장별로 교자의 날 행사가 있어 100엔 정도 할인해서 판매하는 경우도 있으니 가까운 매장이 있다면 미리 체크해 두는 것도 도움이 된다.

http://www.ohsho.co.jp

홋토못토 ほっともっと

신선한 식재료가 자랑인 일본의 수제 도시락 전문 체인점이다. 수제 도시락 평균 가격은 500엔 안팎으로 도시락 이외에 규동, 가츠동, 오야코동 등 다양한 덮밥 메뉴도 즐길 수 있다. 이미 한국과 중국에서도 체인점이 운영될 만큼 일본을 대표하는 인기 수제 도시락 전문점이다.

http://www.hottomotto.com

홋카홋카테이 ほっかほっか亭

홋토못토와 더불어 일본을 대표하는 수제 도시락 전문점이다. 수제 도시락이라는 기본 콘셉트는 홋토못토와 별반 차이가 없지만, 대부분의 매장이 테이크아웃 도시락을 전문으로 한다. 메뉴는 단품 반찬에서 다양한 조합의 세트 도시락까지 다양하게 준비되어 있다.

http://www.hhtmj.com

츠키지긴다코 築地銀だこ

츠키지긴다코는 다코야키 전문 체인점이다. 최근 엄선된 재료와 맛으로 일본 매스컴의 극찬을 받으며 급성장한 곳이기도 하다. 반죽이 전혀 느끼하지 않고, 다코(문어)의 쫄깃쫄깃한 식감이 잘 살아 있어 간식으로 일본인들에게 인기 만점이다. 평균 가격은 8개입이 680엔, 16개입이 1,050엔, 24개입이 1,680엔 정도이다.

http://www.gindaco.com

코코이치방야 CoCo壱番屋

일본식 카레 전문점이다. 카레 하면 코코이치방야를 떠올릴 만큼 대중적인 카레 전문점이다. 카레 소스와 매운 정도, 밥의 양을 선택할 수 있고, 다양한 토핑에 따라 색다른 카레 맛을 즐길 수 있다. 평균 가격은 600엔에서 800엔 정도로 일본은 물론 한국, 미국, 중국, 타이완, 태국에서도 체인점이 운영되고 있다.
http://www.ichibanya.co.jp

오토야 大戸屋

일본 가정식 전문 체인점으로 700엔 정도면 밥, 된장국, 생선구이와 같은 소박하고 정갈한 스타일의 정식을 즐길 수 있다. 특히 숯불에 구운 고등어구이 정식은 저렴하면서도 일본식 생선구이의 맛을 제대로 느낄 수 있다. 보통 600엔에서 800엔이면 한 끼 식사를 거뜬히 해결할 수 있어 학생들과 회사원들에게 인기 만점인 곳이다.
http://www.ootoya.com

야요이켄 やよい軒

야요이켄도 일본 가정식 전문 체인점이다. 차이가 있다면 오토야보다 약간 비싸고, 메뉴 구성이 가정식은 물론 돈부리, 튀김 정식, 우동, 카레 등으로 다양하다는 점이다.
http://www.yayoiken.com

2. 패스트푸드점과 패밀리 레스토랑

모스버거 モスバーガー

모스버거는 일본 최고의 햄버거 체인점이다. 맥도널드에 이어 일본 내 시장 점유율 2위를 자랑하며, 모스버거만의 애프터 오더(주문 후 조리) 방식으로 신선한 햄버거를 맛볼 수 있다. 금방 구운 바삭바삭한 패티가 들어간 모스버거를 한번 맛본다면 당장 단골이 될지도 모른다. 350엔 안팎의 저렴한 가격에 슬로푸드 같은 패스트푸드를 즐길 수 있는 곳이기에 강추한다.

http://mos.jp

퍼스트 키친 ファーストキッチン

일본의 정통 햄버거 체인점으로 특히 이곳 베이컨 햄버거가 유명하다. 파스타, 수프, 디저트 등 기존의 햄버거 체인점과 차별화를 둔 전략으로 1977년 론칭 이후, 20~30대로부터 높은 인기를 얻고 있는 곳이다. 햄버거 단품 가격이 350엔 안팎이며, 대부분의 메뉴를 500엔 정도에 맛볼 수 있다.

http://www.first-kitchen.co.jp

프레시니스버거 フレッシュネスバーガー

일본은 물론 한국에도 체인점을 운영하고 있는 일본의 햄버거 전문 체인점이다. 메뉴나 조리 방식은 모스버거의 애프터 오더 방식과 비슷하다. 홈메이드를 표방한 레시피로 매일 새벽 산지 직송되는 재료들로 주문 즉시 만들어 주는 햄버거는 역시 집에서 만든 듯 담백한 맛을 자랑한다. 역에서 좀 떨어진 곳에 매장이 있는 경우가 많고, 평균 가격대는 350엔 수준이다.

http://www.freshnessburger.co.jp

가스토 ガスト

일본 내 저가형 양식 전문 패밀리 레스토랑으로 일본인의 대중적인 인기를 얻고 있는 곳이다. 양식과 일식 등 다양한 메뉴가 대부분 1,000엔 이하이다. 가격이 저렴하면서도 고급스러운 맛을 유지하기 때문에 꾸준한 사랑을 받고 있다.

http://www.skylark.co.jp/gusto

데니스 デニーズ

데니스는 클럽하우스 샌드위치, 오믈렛, 프렌치 토스트 등 일본식 메뉴와 햄버그스테이크 등 정통 미국식 메뉴를 부담 없이 즐길 수 있는 패밀리 레스토랑 체인점이다. 가격은 일본 패밀리 레스토랑의 평균 수준으로 가스토보다는 조금 비싼 편이다.

http://www.dennys.jp

로열호스트 ロイヤルホスト

햄버그스테이크, 파스타 등을 주력 상품으로 하는 패밀리 레스토랑 체인점이다. 학생이 이용하기에는 가격대가 조금 부담스럽지만 역사와 전통을 자랑하는 패밀리 레스토랑답게 맛과 서비스는 훌륭한 편이다.

http://www.royalhost.jp

조나단 jonathan's

1980년대 개점 초기에는 햄버거, 와플 등을 주력 상품으로 한 커피숍으로 출발했지만, 1990년대에 들어 패밀리 레스토랑으로 타입을 변경하여 햄버그스테이크 등의 다양한 메뉴를 선보이고 있다. 특히 파르페, 아이스크림 등 디저트 메뉴를 저렴한 가격에 즐길 수 있다.

http://www.skylark.co.jp/jonathan

사이제리야 サイゼリヤ

일본 국민 레스토랑이라고 불리는 사이제리야는 저렴한 가격에 이탈리안 음식을 먹을 수 있는 곳이다. 평균 300~400엔대의 가격으로 피자, 스파게티, 샐러드 등을 맛볼 수 있어 일본인은 물론 한국의 유학생들이 즐겨 찾는다.

http://www.saizeriya.co.jp

포포라마마 ポポラマーマ

스파게티, 파스타 등을 주력 상품으로 하는 이탈리안 패밀리 레스토랑 체인점으로 평균 800엔 정도의 가격으로 다양한 스파게티를 즐길 수 있다.
http://www.popolamama.com

후지야 不二家

일본에서 맛있는 디저트로 유명한 양과자 체인점이다. 원래 레스토랑인데 식사보다 케이크나 양과자 같은 디저트로 더 유명하다. 디저트 평균 가격은 700엔 정도로 디저트 마니아라면 꼭 추천한다. 스테이크, 파스타 등을 맛볼 수 있는 레스토랑 체인점도 함께 운영한다. 한국에서도 인기가 높은 페코짱이 바로 후지야의 대표 캐릭터이다.
http://www.fujiya-peko.co.jp

바미양 バーミヤン

바미양은 일본식 중화요리를 전문으로 하는 레스토랑 체인점이다. 샤브샤브 무한리필 코스를 1,800엔이면 즐길 수 있고, 테이크아웃 군만두는 200엔이면 맛볼 수 있다. 메뉴 구성이 비슷한 교자노오쇼와는 달리 패밀리 레스토랑에 걸맞게 쾌적한 공간에서 본격적인 중화 코스요리를 즐길 수 있다.
http://www.skylark.co.jp/bamiyan

3 일본 대표 온천

자연재해가 유독 많은 나라 일본에 하늘이 주신 선물이 바로 온천溫泉이 아닐까. 그만큼 온천은 매력적인 여행지이다. 워낙 좋은 온천지가 많아 온천 여행의 시작부터 난감할 수도 있다. 우선 온천의 수질과 효능을 꼼꼼히 따져 보고 골라 보자. 주변에 함께 둘러볼 만한 명소를 미리 알아보는 것도 좋다. 아르바이트와 학업 등으로 일본 생활에서 쌓인 피로가 이만저만이 아닐 때 일상을 내려놓고 떠날 수 있는 여행이 온천 여행이다. 바다나 산을 바라볼 수 있는 로텐부로露天風呂에서 진짜 온천 맛도 느껴 보고, 일본 전통의 정취가 있는 료칸旅館에서 식도락을 즐겨 보자.

하코네 온천 (가나가와 현)

하코네 온천箱根溫泉은 도쿄에서 1시간 30분~2시간 정도면 갈 수 있는 가나가와 현에 위치하고 있어 일본인은 물론 외국 관광객들도 많이 찾는 곳이다. 여전히 일본 온천과 료칸 하면 첫 손에 하코네를 꼽을 정도로 최고의 휴양지이다. 하코네 주변의 온천 마을과 료칸마다 온천수의 종류가 너무 다양한 나머지 어떤 온천욕을 해야 할지 선택하기 어려울 정도라고 한다. 또한 흰 연기를 뿜어 내는 활화산 오와쿠다니와 화산지형을 통과하는 스릴 넘치는 체험을 할 수 있는 하코네 케이블카 로프웨이, 그리고 일본의 상징 후지 산의 절경을 감상할 수 있는 아시노코芦ノ湖 호수의 멋진 유람선도 하코네의 자랑거리이다.

http://www.hakone.or.jp

유후인 온천 (오이타 현)

규슈 오이타 현에 위치한 유후인 온천由布院温泉은 '여성들이 가장 좋아하는 온천'이라는 또 하나의 타이틀이 있을 정도로 전통과 현대가 조화를 이루고 있는 예쁜 온천 마을이다. 마을의 중심 거리에는 개성 있는 공방과 갤러리가 곳곳에 있고, 길모퉁이마다 자리한 세련된 카페와 레스토랑은 뭇 여성들의 발걸음을 붙잡기에 충분하다. 또한 사방이 높은 산으로 둘러싸여 등산이나 트레킹도 가능하다. 한국에서도 멀지 않아 한국인들이 즐겨 찾는 온천 여행지이기도 하다.
http://www.yufuin.gr.jp

구사츠 온천 (군마 현)

군마 현에 위치한 구사츠 온천草津温泉은 일본 3대 명천 중 하나로 일본인은 물론 세계적으로 높은 인기를 자랑하는 온천이다. 김이 피어오르며 원천수가 솟는 온천밭을 '유바다케湯畑'라고 하는데, 바로 구사츠 온천의 유바다케가 일본 온천의 대표 이미지이기도 하다. 이 유바다케를 중심으로 수백 년 전통을 이어 온 료칸부터 세련된 호텔과 저렴한 민박 등 다양한 숙박 시설과 아기자기한 상점가들까지 거리에 활기가 넘친다. 또 강한 살균 효과가 있는 온천수가 마을 곳곳에서 솟아나와 무료로 여러 온천탕 순례를 할 수 있어 온천 애호가들의 사랑을 받고 있다.
http://www.kusatsu-onsen.ne.jp

벳푸 온천 (오이타 현)

벳푸 온천別府温泉은 풍부한 용출량과 다양한 온천수로 유명하다. 특히 온천 지역의 규모가 커 8개로 분류하고 이른바 벳푸팔탕이라고 부른다. 바다를 조망하며 즐기는 노천온천도 있다. 도시 전체에 크고 작은 온천 숙박 시설들이 자리하고 있고, 아소쿠주 국립공원이 가까워 가족 휴양지로도 인기 만점이다. 유후인 온천에 이어 한국인이 가장 좋아하는 규슈 지역 온천지이기도 하다.
http://www.beppu-navi.jp

노보리베츠 온천 (홋카이도)

빼어난 자연경관을 자랑하는 청정한 지역에서 즐기는 온천 여행은 생각만으로도 즐겁다. 삿포로 눈축제와 영화 〈러브레터〉의 촬영지로 잘 알려져 있는 홋카이도는 겨울 스포츠를 좋아하는 한국인이 즐겨 찾는 일본 여행지이기도 하다. 그 중에서도 하코다테와 삿포로 사이에 위치한 노보리베츠登別는 홋카이도 원주민인 아이누 족의 전통문화가 잘 보존되어 있는 대표 온천 휴양지이다. 다량의 유황 성분이 포함된 노보리베츠 온천수가 피부 미용에 좋다고 알려져 온천 애호가들 사이에서는 인기 있는 곳이다. 또 화산 분출구에서 뿜어져 나오는 유황이 풍부한 온천수나 증기를 체험할 수 있는 지옥계곡이 필수 여행 코스로 사랑받고 있다.
http://www.noboribetsu-spa.jp

도고 온천 (에히메 현)

도고 온천道後温泉은 일본의 전형적인 온천 문화를 경험할 수 있는 곳으로, 일본에서 가장 오랜 역사를 자랑하는 온천이다. 메이지 27년 (1894년)에 세워진 도고 온천 본관은 일본 중요문화재에 등재되어 있다. 특히 이곳은 일본을 대표하는 근대 문학가 나츠메 소세키夏目漱石
의 소설, 우리에게는 〈도련님〉으로 번역된 〈봇짱坊ちゃん〉과 미야자키 하야오 감독의 애니메이션 〈센과 치히로의 행방불명〉의 배경으로 알려지면서 에이메 현의 대표 관광지가 되었다. 온천 주변 상점가와도 가까워 여행객들이 유카타 차림으로 구경이나 산책을 할 수도 있다. 또 하이쿠의 거장 마사오카 시키를 기념하기 위한 시키 기념박물관 子規記念博物館이나 도고 공원도 둘러볼 만하다.

http://www.dogo.or.jp

구로카와 온천 (구마모토 현)

구로카와 온천黒川温泉은 규슈 구마모토 현에 위치한 일본 최고의 인기 온천이다. 〈미슐랭 그린가이드 재팬〉 2009년판에서 온천지로는 이례적으로 별 2개를 받은 이력이 있을 정도로 매력적인 온천 마을이다. 짧은 역사에도 불구하고 일본인들이 가고 싶어 하는 온천 마을로 손꼽히는 이유는 다름 아닌 독특한 입욕권 제
도에 있다. 1,300엔짜리 온천 자유이용권 뉴토테가타入湯手形로 료칸 온천 3곳을 이용할 수 있다. 산촌의 정겨움이 물씬 풍기는 온천 마을에서 구로카와 최고의 히트 상품인 뉴토테가타로 자유롭게 온천욕을 즐기다 보면 저절로 힐링이 된다. 저렴한 가격에 이 모든 기회를 놓치고 싶지 않다면 구로카와 온천을 추천한다.

http://www.kurokawaonsen.or.jp

아리마 온천 (효고 현)

아리마 온천有馬温泉은 일본의 3대 명천 중 하나로 일본의 무장이자 정치가로 일본 통일을 이룩한 도요토미 히데요시가 사랑한 온천지로도 유명하다. 이곳에서는 철분과 염분이 풍부한 '금천金泉'과 라듐과 탄산염이 들어 있는 '은천銀泉' 등 성분이 다른 2종류의 온천을 즐길 수 있다. 오카사에서 1시간, 고베에서 30분 정도면 찾아갈 수 있어 당일 온천 여행지로도 인기가 높다.
http://www.arima-onsen.com

게로 온천 (기후 현)

게로 온천下呂温泉은 에도 시대부터 이어져 온 일본 3대 명천 중 하나이다. 병을 치유하는 탕치 온천으로, 히다가와 강변에는 온천욕을 통해 병을 치료하는 큰 규모의 온천 병원과 온천 연구소들이 있다. 게로 온천의 약알카리성 투명 온천수는 피부 미용이나 피부 질환 등에 효과가 뛰어나다. 마을 곳곳에는 자유롭게 발의 피로를 풀 수 있는 무료 족탕이 9곳이나 있고, 히다가와 강변의 노천탕 훈센치도 365일 24시간 무료 개방하는 탕이다. 또한 산촌의 전통 주택인 갓쇼무라合掌村를 비롯하여 온천사温泉寺와 겟쇼지 등이 있고, 한 시간 거리에 세계문화유산으로 지정된 시라가와고 마을이 있어 일본의 유서 깊은 산간 마을의 정취를 느낄 수 있다.
http://www.gero-spa.com

기노사키 온천(효고 현)

기노사키 온천城崎温泉은 1,300년 전통을 자랑하는 효고 현 제일의 온천 마을이다. 기노사키는 대중탕이 다양해서 여유롭게 온천 순례를 하기에 적당하다. 특히 료칸 숙박객에게는 기노사키의 대중 온천탕 7곳을 무료로 이용할 수 있는 온천이용권을 준다. 작은 강을 따라 버드나무 가로수길을 산책하고, 전망이 근사한 사토노유さとの湯, 반 동굴 형태인 노천탕 이치노유一の湯, 황족이 찾았다는 고쇼노유御所の湯 등 저마다 이야기가 있는 온천탕을 즐기다 보면 온천 마을의 정취를 흠뻑 느낄 수 있을 것이다.

http://www.kinosaki-spa.gr.jp

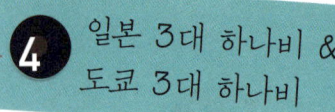

4. 일본 3대 하나비 & 도쿄 3대 하나비

일본의 여름 하면 빼놓을 수 없는 것이 바로 밤하늘을 아름답게 수놓는 하나비花火이다. 해마다 여름이면 일본 곳곳에서 크고 작은 하나비 대회花火大会가 열린다. 일본인들의 지혜로운 여름나기 축제가 세계적인 대회가 되기까지 이렇게 해마다 기량을 겨룬 장인들의 노력이 숨어 있었다. 일본에서 제대로 된 불꽃놀이를 즐기려면 상당한 고통(!)을 감수해야 하지만, 막상 시원한 강가에서 바라보는 불꽃놀이는 여름밤 최고의 선물이다. 여기서는 크고 작은 불꽃 축제 중에서 세계적인 불꽃 대회인 '일본 3대 불꽃 대회日本三大花火大会'와 '도쿄 3대 불꽃 대회東京三大花火大会'를 소개한다.

전국 불꽃 경기 대회
全国花火競技大会

1910년에 시작된 일본 최초의 불꽃놀이 경기이다. 일본의 불꽃놀이 대회 중 가장 권위 있는 대회이다. 대회 참가자가 직접 불꽃을 만들어 쏘아 올리는 방식으로, 뛰어난 불꽃놀이를 선보인 참가자를 선발하여 상을 주고 있다. 불꽃놀이가 열리는 아키타 현의 오마가리 지역의 이름을 따서 '오마가리 불꽃 축제'라고도 한다. 이날 하루에 쏘아 올리는 불꽃의 수가 무려 15,000~20,000발 규모라고 한다. 매년 8월 넷째 주 토요일에 열리며, 약 80만 명의 관람객이 모이는 일본 최대의 불꽃놀이 대회이다.

츠치우라 전국 불꽃 경기 대회
土浦全国花火競技大会

1925년에 이바라키 현 츠치우라에서 시작된 전국 규모의 불꽃놀이 경기이다. 불꽃 경기 종목은 10분 동안 연속 발사하는 스타마인, 불꽃 크기 10호(불꽃 직경 280m), 창작 불꽃 등 3개 부문이며, 약 20,000발이 발사된다. 특히 스타마인이 하늘을 수놓을 때 츠치우라 불꽃 축제의 절정을 이룬다. 역시 일본을 대표하는 불꽃놀이 경기 대회로 다양하게 시상을 한다. 매년 10월 첫째 주 토요일에 열리며, 약 80만 명의 관람객이 찾는 대규모의 불꽃 축제이다.

나가오카 마츠리 대불꽃축제
長岡まつり大花火大会

나가오카에서 매년 8월 1일부터 사흘간 열리는 나가오카 마츠리의 2일, 3일째 행사이다. 이틀간 약 20,000발을 쏘아 올리며, 약 100만 명의 관람객이 나가오카 마츠리와 불꽃 축제를 찾는다. 특히 일본에서 가장 큰 불꽃 30호와 2007년에 시작된 세계적인 캐릭터 헬로키티 불꽃 등 다양한 테마의 이벤트 불꽃이 압권이다.

스미다가와 불꽃 대회
隅田川花火大会

1978년에 시작된 스미다가와 불꽃 대회는 도쿄에서 최대 규모이면서 가장 오래된 불꽃 축제이다. 쏘아 올리는 불꽃을 준비하는 데만 6개월 이상 걸리고, 행사가 끝나기까지의 모든 과정을 수작업으로 진행한다. 매년 7월 마지막 토요일이면 스미다가와 불꽃놀이를 보기 위해 스미다 강변에 100만 명의 인파가 몰리고, 20,000발의 불꽃을 쏘아 올리는 최고의 여름 축제이다.

진구가이엔 불꽃 대회
神宮外苑花火大会

닛칸스포츠 신문에서 주최하는 진구가이엔 불꽃 대회는 다른 불꽃 축제들과 달리 도쿄 한복판인 메이지 신궁 일대에서 펼쳐진다. 1980년에 1회 대회를 시작으로 매년 8월이면 약 12,000발의 불꽃이 도쿄의 밤하늘을 아름답게 수놓는다. 하라주쿠, 신주쿠, 시부야 등의 높은 곳에서 관람이 가능하고, 교통이 편리하여 워홀러나 유학생이 쉽게 찾을 수 있는 불꽃 축제이다.

도쿄만 대 불꽃축제
東京湾大花火祭

도쿄의 유명한 관광지인 오다이바 일대에서 펼쳐지는 불꽃 축제이다. 매년 8월 둘째 주 토요일이나 일요일에 도쿄 하루미 지역에서 열리는데, 해마다 수많은 인파가 몰려 교통이나 관람이 쉽지만은 않다. 운 좋게 미리 예약이라도 한다면 전망 좋은 레스토랑이나 유람선에서 불꽃놀이를 감상할 수 있다. 약 20분 동안 12,000발의 불꽃을 쏘아 올린다.

5 일본 3대 마츠리 & 에도 3대 마츠리

일본에서는 해마다 전국 각 지역에서 수많은 마츠리가 열린다. 우리로 말하자면 '지역축제'쯤 된다. 본디 신과 인간의 흥겨운 만남에서 이벤트 냄새 물씬 풍기는 지금의 마츠리까지 의미는 살짝 퇴색되었는지 모르지만 사람들은 '마츠리'라는 말에 여전히 설레어 한다. 지금도 일본 전국에서는 지방색이 풍부한 마츠리가 이어져 오고 있다. 대표적인 일본의 3대 마츠리日本三大祭에는 교토의 기온 마츠리, 오카사의 덴진 마츠리, 도쿄의 간다 마츠리가 있다. 또한 도쿄 도내에서 열리는 에도 3대 마츠리江戸三大祭り에는 간다 마츠리, 산노 마츠리, 후카가와 마츠리가 있다.

기온 마츠리 祇園祭

기온 마츠리는 매년 7월 한 달 동안 교토 기온의 야사카 신사를 중심으로 열린다. 1,100여 년 전 교토에 흑사병이 유행했을 때 재앙을 없애기 위해 기온 신사에서 제사를 지낸 것이 기원이 되었다. 신을 모시는 가마인 야마와 호코가 교토 시내를 행진하는 야마보코 순행山鉾巡行과 그 행사의 전야제인 요이야마宵山가 펼쳐지는 7월 14일~17일에 축제는 절정에 이른다. 일본 전통 의상인 유카타를 차려 입은 일본인들과 많은 관광객들이 함께하는 기온 마츠리는 5월에 열리는 아오이 마츠리, 10월에 열리는 지다이 마츠리와 더불어 교토의 3대 축제이기도 하다. 세계적인 축제 기온 마츠리가 열리는 교토의 7월은 일본의 전통문화를 체험할 수 있는 좋은 기회이니 꼭 한 번 관람

하기를 권한다. (야마보코 순행: 7월 17일, 요이야마: 7월 14~16일)

덴진 마츠리 天神祭

덴진 마츠리는 오사카에서 가장 유명한 여름 축제이다. 오사카덴만구 신사의 제례로 천 년이 넘는 전통을 자랑하는 일본 3대 마츠리 중 하나이다. 매년 7월 24일과 25일, 지상과 바다에서 펼쳐지는 다채롭고 화려한 덴진 마츠리의 행사는 오사카를 상징하는 명물로 자리 잡았다. 마츠리가 시작되면 전통 복장을 한 사람들이 거리를 가득 메우고, 특히 25일 해 질 무렵부터 초롱과 화톳불로 장식한 배 100여 척이 신사를 출발한 행렬을 태우고 강을 따라 왕래하는 '후나토쿄船渡御'와 함께 불꽃놀이가 시작되면 덴진 마츠리는 절정에 이른다. 해마다 일본은 물론 전 세계에서 수많은 관광객이 화려한 볼거리를 위해서 오사카를 찾는다.

간다 마츠리 神田祭

간다 마츠리는 도쿄의 간다묘진 신사에서 열리는 민속 축제이다. 원래 에도 시대 세키가하라 전투의 승리를 기념하여 시작된 마츠리였다. 지금은 수천 개가 넘는 일본의 축제 중 교토의 기온 마츠리, 오사카의 덴진 마츠리와 함께 일본 3대 마츠리로 손꼽힌다. 그와 동시에 산노 마츠리, 후카가와 마츠리와 함께 에도 3대 마츠리 중 하나이기도 하다. 매년 5월 15일에 가까운 주말에 열린다. 마츠리의 규모가 매우 커서 108개의 자치회에서 간다묘진(에도 시대의 수호신)을 모시는 미코시神輿를 준비하는데, 지역 주민들은 물론 자치회나 은행이나 일반 기업 등도 참여한다. 마츠리 기간 동안 200여 개의 크고 작은 미코시 행진이 이어지면서 분위기가 무르익는다. 특히 남녀노소 상관없이 미코시를 짊어지고 마츠리에 참가할 수 있으며, 일본 3대 마츠리 중에서도 가장 서민적인 마츠리다.

산노 마츠리 山王祭

산노 마츠리는 도쿄의 히에 신사에서 열리는 대규모 축제이다. 1681년부터 행해진 의례를 지금도 전통 방식 그대로 지키고 있어, 엄격하고 절도 있는 일본식 제례를 엿볼 수 있다. 이 축제에서는 미코시의 행렬과 함께 다양한 고전적인 퍼레이드를 구경할 수 있다. 특히 왕이 타는 가마 행렬이 유명하다. 산노 마츠리 기간 중에는 축제 최대의 행사 '신코사이' 이외에도 유아들이 행렬하는 귀여운 '유아 축제'가 열리고, 제사의식 '예제'에서 올리는 히에 무용이나 봉축 행사로 봉납되는 기구라바야시, 산노 큰북 등도 풍성한 볼거리 중 하나이다. 현재는 홀수 해의 6월에 열린다.

후카가와 마츠리 深川祭

후카가와 마츠리는 약 370년 역사를 자랑하는 에도 3대 마츠리 중 하나로 꼽힌다. 3년에 한 번 8월 15일에 가까운 토요일과 일요일에 도미오카하치만구 신사에서 벌이는 성대한 축제이다. 후카가와 마츠리의 압권은 마을 젊은이들이 땀투성이가 되어 짊어지고 다니는 미코시(가마)  수십 대의 화려한 행렬이다. 게다가 길가의 사람들이 가마를 멘 사람들을 향해 기요메노미즈(부정을 씻기 위해 뿌리는 물)를 계속해서 끼얹는 모습은 이 축제만의 독특한 볼거리이다. 그런 이유로 '미즈카케 마츠리(물을 끼얹는 축제)'라고도 불린다.

1 편의점
2 이자카야
3 커피숍
4 패스트푸드점
5 패밀리 레스토랑
6 고깃집
7 돈부리, 라면 가게
8 노래방
9 옷가게

Part 7
아르바이트 일본어

01 편의점

도시락 구매 mp3 1-1

A いらっしゃいませ。お弁当一点、ジュース一点ですね。

B はい、あとそれからコロッケもください。

A おひとつですか。

B ふたつください。

A お弁当は温めますか。

B はい、お願いします。

A 少々お待ちください。お先にお会計768円です。

B はい。あと、お箸もう一本つけてもらえますか。

A かしこまりました。それではお先におつりのお返しです。

B どうも。

A 어서 오세요. 도시락 하나, 주스 하나 맞으시죠?

B 네. 아, 그리고 크로켓도 주세요.

A 하나 드릴까요?

B 두 개 주세요.

A 도시락은 데워 드릴까요?

B 네, 부탁해요.

A 잠시만요, 계산 먼저 도와 드릴게요. 768엔입니다.

B 네. 그리고 젓가락 하나 더 주시겠어요?

A 네, 알겠습니다. 그럼 먼저 거스름돈부터 드릴게요.

B 고마워요.

> **전자레인지**
>
> 일본 편의점에는 전자레인지가 대부분 계산대 뒤에 놓여 있어요. 데워 먹는 음식의 경우 직원에게 부탁하면 직접 전자레인지에 데워 줘요. 그러니까 따뜻하게 데워 달라고 할 때는, 温めてください(데워 주세요) 또는 チンしてください(전자레인지에 돌려 주세요)라고 말하면 돼요.

담배 구매   mp3 1-2

A いらっしゃいませ。

B マルメンひとつ。

A 何か年齢確認できるものはお持ちでしょうか。

B 免許証でいいですか。

A はい、顔写真が入っていれば大丈夫です。

B どうぞ。

A ありがとうございます。確認できましたのでお返しします。

  マルボロメンソールおひとつですね。

B はい。

A 460円です。

B すみません。大きいのしかないんですけど大丈夫ですか。

A はい、大丈夫ですよ。1万円お預かりいたします。9,540円のお返しです。

B どうも。

  A 어서 오세요.

  B 말보러 멘솔 하나 주세요.

  A 연령 확인할 수 있는 신분증이 있으신가요?

B 면허증이면 될까요?

A 네, 얼굴 사진이 있으시면 괜찮아요.

B 여기요.

A 감사합니다. 확인되셨으니 돌려 드릴게요. 말보러 멘솔 하나라고 하셨죠?

B 네.

A 460엔입니다

B 미안하지만, 잔돈이 없는데 괜찮나요?

A 네, 괜찮아요. 만 엔 받았습니다. 거스름돈 9,540엔입니다.

B 수고하세요.

10,000円

어떻게 읽으면 될까요?
정답은 いちまんえん이에요. 일본에서 10,000엔일 때는 숫자 1도 포함해서 말해요. 하지만 1,000엔일 때는 그냥 せんえん이라고 한다는 것도 기억해 두세요.

~お預かりします

例 10,000円ちょうどお預かりします。(×)
　 10,000円ちょうど頂きます。1,000円ちょうど頂戴します。(○)

계산 금액이 9,000엔인 경우, 10,000엔을 받고 거스름돈으로 1,000엔을 내준다면 お預かりします(받았습니다)라는 표현이 맞아요. 그렇지만 정확한 계산 금액 9,000엔을 받았다면 お預かりします라고 표현하면 안 돼요. 이럴 때는 거스름돈을 돌려주지 않아도 되므로 預かる라는 동사가 아니라 いただく라는 동사로 표현해야 한답니다.

~円からお預かり

例 10,000円からお預かりします。1,000円のお返しです。(×)
　 10,000円お預かりします。1,000円のお返しです。(○)

계산 금액이 9,000엔인 경우, 계산할 때 10,000엔을 받고 10,000円から9,000円を引く(10,000엔에서 9,000엔을 뺀다)라고 생각하다 보면 이런 표현이 나올 수도 있어요. 하지만 맞지 않는 표현이죠. ~から(~부터)는 시작, 즉 시점을 나타낼 때 쓰는 표현이랍니다. 받는 것에 대해서는 쓰지 않도록 주의하세요.

일본 담배 이름의 줄임말

일본 편의점에서는 담배 이름을 줄임말로 찾는 손님이 많아요. 물론 줄여서 부르는 담배 이름을 일일이 외워 둘 필요는 없어요. 편의점 담배 진열대에는 번호가 붙어 있어서 손님에게 何番ですか(몇 번 찾으세요?)라고 다시 물어봐도 괜찮아요. 담배 이름의 줄임말은 지역마다 조금씩 다르지만 대체로 아래처럼 줄여서 부른답니다.

セブンスター → セッタ・セッタン・セッター・ブンタ 세븐 스타(Seven Stars)
セブンスターメンソール → セタメン・セッタメン・ブンタメン 세븐 스타 멘솔(Seven Stars Menthol)
マルボロ → 赤マル 말버러(Marlboro)
マルボロライト → 金マル(まるきん) 말버러 라이트(Marlboro Lights)
マルボロライトメンソール → マルメラ 말버러 라이트 멘솔(Marlboro Lights Menthol)
マルボロメンソール → マルメン 말버러 멘솔(Marlboro Menthol)
マルボロブラックメンソール → 黒マル・ブラメン 말버러 블랙 멘솔(Marlboro Black Menthol)
ラーク → 赤ラーク 라크(Lark)
ラークマイルド → ラーマ 라크 마일드(Lark Mild)
ラークのメンソール → ラーメン 라크 멘솔(Lark Menthol)
ハイライトメンソール → ハイメン 하이라이트 멘솔(Highlight Menthol)
ゴールデンバット → バット 골든 배트(Golden Bat)
フロンティアメンソール → フロメン 프론티어 멘솔(Frontier Menthol)
ショートピース → ショッピ 쇼트 피스(Short Peace)
ショートホープ → ショッポ 쇼트 호프(Short Hop)
キャスターマイルド → キャスマイ 캐스터 마일드(Caster Mild)
キャスターオリジナル → キャスオリ 캐스터 오리지널(Caster Original)
キャスタースーパーマイルド → キャスタースパマイ 캐스터 슈퍼 마일드(Caster Super Mild)
キャスターワン → キャスワン 캐스터 원(Caster One)
キャスタークールバニラ → クルバニ 캐스터 쿨 바닐라(Caster Cool Vanilla)

クールキング ➜ クール　クールキングス(Kool Kings)

クールブースト ➜ ブースト　クールブースト(Kool Boost)

ポールモール ➜ ポルモル　폴 몰(Pall Mall)

フィリップモリス ➜ PM　필립 모리스(Philip Morris)

セーラムアラスカ ➜ アラスカ　살렘 알래스카(Salem Alaska)

アメリカンスピリット ➜ アメスピ　아메리칸 스피릿(American Spirit)

ピアニッシモ ➜ フラン・ペシェ　피아니시모(Pianissimo)

ラッキーストライク ➜ ラキスト　럭키 스트라이크(Lucky Strike)

화장실 사용　mp3 1-3

A いらっしゃいませ。

B すみません、トイレ貸してください。

A はい、どうぞ。

B どこにありますか。

A 左奥にございます。

B さっきはどうも。これ、お会計お願いします。

A はい、コーラ一点ですね。151円です。

B はい。

A お客様、1円足りないのですが…。

B あ、すみません。はい、どうぞ。

A 어서 오세요.

B 실례지만, 화장실 좀 쓸게요.

A 네, 그러세요.

B 어디에 있죠?

A 왼쪽으로 가셔서 안쪽입니다.

B 좀 전에 고마웠어요. 이거 계산 부탁해요.
A 네, 콜라 하나시죠. 151엔입니다.
B 네.
A 손님, 1엔이 부족한데요….
B 어머, 미안해요. 여기 있어요.

> ### 편의점 화장실
> 일본의 편의점은 손님이 화장실을 쓸 수 있도록 편의(!)를 봐줘요. 간혹 가게 사정상 사용할 수 없는 경우도 있지만, 대부분의 편의점에서는 괜찮아요. 그럴 때는 トイレ貸してください(화장실 좀 쓸게요)라고 말하면 되겠죠. 딱히 사용료를 지불해야 하는 것도 아닌데, 미안하고 고마운 마음에 편의점 매출에 기여하는 손님도 많다고 하네요.

기타 유용한 말들 mp3 1-4

いらっしゃいませ。 어서 오세요.

ありがとうございました。 감사합니다.

温(あたた)めますか。 데워 드릴까요?

そちらの商品(しょうひん)は品切(しなぎ)れになりました。 그 상품은 품절입니다.

雑誌(ざっし)の立(た)ち読(よ)みはご遠慮(えんりょ)ください。
잡지를 구입하지 않고 보시면 안 돼요.

後(うし)ろでお待(ま)ちのお客様(きゃくさま)、こちらのレジへどうぞ。
뒤에 기다리시는 손님, 이쪽 계산대로 오세요.

申(もう)し訳(わけ)ございません。 정말 죄송합니다.

ポイントカードはお持(も)ちでしょうか。 포인트 카드를 갖고 계신가요?

少々(しょうしょう)お待(ま)ちくださいませ。 잠시 기다려 주세요.

편의점에서 직접 만들어 파는 메뉴

ポテト 감자   おでん 어묵   肉まん 고기만두

あんまん 찐빵   ピザまん 피자만두   コロッケ 크로켓

からあげ 닭튀김   フランクフルト 프랑크 소시지

ソフトクリーム 소프트 아이스크림

편의점에서 알아야 할 용어

伝票(でんぴょう) 계산서   レシート 리시트(영수증)   領収書(りょうしゅうしょ) 영수증

レジ 계산대   賞味期限(しょうみきげん) 상미기간   廃棄(はいき) 폐기

冷蔵庫(れいぞうこ) 냉장고   冷凍庫(れいとうこ) 냉동고   店長(てんちょう) 점장

レシート & 領収書

리시트와 영수증은 본래 같은 뜻이에요. 그렇지만 일본에서는 계산대에서 발행되는 수신인란이 없는 것을 '리시트'라고 불러요. 그 밖에 수신인이 있거나 인감이 있는 것을 '영수증'이라고 하죠. 회사 등에 청구할 때는 반드시 리시트가 아닌 영수증을 받아야겠죠. 영수증이 필요할 때는 꼭 따로 달라고 하세요.

02 이자카야

자리 안내   mp3 2-1

A いらっしゃいませ。何名様でしょうか。
B 3人です。
A 申し訳ございませんが、年齢確認のために身分証を見せていただけますか。
B あ、はい。どうぞ。
A ありがとうございます。はい、それではテーブル席とお座敷どちらになさいますか。
B じゃあ、座敷で。
A はい、それではこちらへどうぞ。
B はい。
A 靴はお脱ぎになってからお入りください。
B すみません、ここって禁煙ですか？
A 大丈夫ですよ。すぐ灰皿お持ちいたしますね。

A 어서 오세요. 몇 분이세요?
B 3명이요.
A 죄송하지만 연령 확인을 해야 해서요. 신분증 좀 보여 주시겠어요?
B 아, 네. 여기요.
A 감사합니다. 확인되셨어요. 테이블석과 방이 있는데, 어디로 하시겠어요?
B 네, 방으로 할게요.
A 알겠습니다. 그럼 이쪽으로 오세요.
B 네.

A 신발 벗고 들어오세요.
B 실례지만, 여기 금연인가요?
A 아니요. 금방 재떨이 갖다 드릴게요.

주문 mp3 2-2

A すみませ〜ん。
B はい、ただいま。ご注文はお決まりですか。
A とりあえずビールで。あの、キリンの生ってありますか。
B 申し訳ございません、当店は生だとアサヒだけになってしまうんですが…。
A じゃあ、それで。
B ありがとうございます。アサヒ生三杯ですね。
A あと、おつまみって何がおすすめですか。
B そうですね。当店では明太チーズ卵焼きが女性に人気ですよ。
A じゃあ、それと枝豆と焼き鳥セットでお願いします。
B はい、かしこまりました。それではご注文繰り返させていただきます。
アサヒ生三杯と明太チーズ卵焼きと枝豆と焼き鳥セットでよろしいでしょうか。
A はい。

A 저기요~!!
B 네, 부르셨어요. 주문은 정하셨나요?
A 맥주 먼저 주세요. 기린 생맥주 있어요?
B 죄송합니다. 저희 가게는 생맥주가 아사히만 있어서요….
A 그럼, 그거 주세요.

B 감사합니다. 아사히 생맥주 3잔이시네요.

A 그리고, 안주는 뭐가 맛있어요?

B 글쎄요. 저희 가게 명란치즈 계란말이가 여성분들께 인기가 있긴 한데요.

A 그럼 그거하고 삶은콩하고 닭꼬치 세트 부탁해요.

B 네, 알겠습니다. 그럼 주문 확인 도와 드리겠습니다.
아사히 생맥주 3잔, 명란치즈 계란말이, 삶은콩, 닭꼬치 세트가 맞으시죠?

A 네.

申し訳ございません、すみません、失礼します

어느 것이나 사과할 때 쓰는 표현이지만, 일을 하는 곳에서 손님에게는 申し訳ございません을 써요. 누군가를 부르거나 잠시 앞으로 지나갈 때는 すみません이라고 하고요. 누군가가 길을 비켜 주길 바랄 때는 失礼します라는 말을 대신 쓰기도 해요.

계산

A お会計お願いします。

B 申し訳ございません、レジまでお願いいたします。

A あ、はい。

B 伝票はお持ちですか。

A すみません、持ってくるの忘れました。

B お席はどのあたりでしょうか。

A あの窓側の角の席です。

B 飲み放題のお席ですね。

A そうです。

B お会計全部で8,720円でございます。

A じゃあ、10,720円で。

B はい、一万円入ります。それでは2,000円のお返しでございます。

A レシートはいいです。

B かしこまりました。

A 계산해 주세요.

B 죄송하지만, 계산대에서 도와 드리겠습니다.

A 아, 네.

B 계산서 들고 오셨나요?

A 미안해요. 들고 오는 걸 깜빡했어요.

B 자리가 어느 쪽이셨죠?

A 저기 창가 쪽 모퉁이 자리요.

B 주류 무제한 쪽 자리시네요.

A 맞아요.

B 전부해서 8,720엔입니다.

A 그럼, 10,720엔으로 계산할게요.

B 네, 만 엔 받았습니다. 여기 거스름돈 2,000엔입니다.

A 영수증은 괜찮아요.

B 알겠습니다.

일본인의 잔돈 관리법

가게에서 계산 금액이 8,720엔이 나왔다면, 아마도 여러분은 10,000엔짜리나 9,000엔을 낼 거예요. 그런데 일본인들은 불필요한 잔돈이 생기는 걸 싫어해서 아예 잔돈을 챙겨서 다녀요. 10,720엔이나 9,020엔을 내는 거죠. 만약 여러분이 계산대에서 근무할 때 손님에게 10,720엔을 받는다면 거스름돈 2,000엔을 내주고, 9,020엔을 받는다면 거스름돈 300엔을 내주면 돼요. 일본인의 꼼꼼한 잔돈 습관에 대해 미리 알아 두면 나중에 당황할 일이 없겠죠.^^

1万円入ります

요즘 일본의 편의점이나 음식점, 특히 이자카야 체인점에서 많이 듣게 되는 말이에요. 계산대에서 만 엔을 받을 경우, 1万円入ります(만 엔 들어갑니다)라는 표현을 쓰는데, 그 이유는 계산 과정에서 직원의 잔돈 실수나 절도를 방지하기 위해서라고 하네요.

기타 유용한 말들 mp3 2-4

こちらのお席(せき)でもよろしいでしょうか。 이 자리라도 괜찮으시겠어요?

当店(とうてん)は禁煙(きんえん)でございます。 저희 가게는 금연입니다.

またお越(こ)しください。 다음에 또 찾아 주세요.

メニューでございます。 메뉴입니다.

ごゆっくりどうぞ。 맛있게 드세요.

おかわりはいかがですか。 더 드시겠어요?

こちらお下(さ)げしてもよろしいでしょうか。 이쪽은 치워 드려도 될까요?

ご注文(ちゅうもん)の際(さい)はこちらのベルを押(お)してください。

주문하실 때는 이쪽 벨을 눌러 주세요.

おあいそ！(お会計(かいけい)お願(ねが)いします。) 계산이요! (계산 부탁해요.)

일본의 술과 안주

生(なま)ビール 생맥주　　ビンビール 병맥주　　焼酎(しょうちゅう) 소주

水割(みずわ)り 물에 섞어 마시는 것　　お茶割(ちゃわ)り 차를 섞어 마시는 것　　ロック 온 더 록

熱燗(あつかん) 따뜻한 술　　冷(ひや) 차가운 술　　梅酒(うめしゅ) 매실주

チューハイ 소주 칵테일　　サワー 위스키 사워　　枝豆(えだまめ) 삶은콩

刺身盛(さしみも)り合(あ)わせ 모듬회　　明太(めんたい)チーズ卵焼(たまごや)き 명란치즈 계란말이

おしんこ 야채절임

이자카야에서 알아야 할 용어

おしぼり 물수건

取り皿(とざら) 앞접시

氷(こおり) 얼음

飲み放題(のほうだい) 주류 무제한

おすすめ 추천

化粧室(けしょうしつ)=トイレ 화장실

グラス 유리잔

灰皿(はいざら) 재떨이

お冷(水)(ひやみず) 물

割り勘(わりかん) 더치페이

お通し(とお) 기본안주

おかわり 하나 더

小皿(こざら) 작은 그릇

とっくり 작은 술병

お茶(ちゃ) 차

クレカ 신용카드

ゲロ 토사물

03 커피숍

주문 1　mp3 3-1

A いらっしゃいませ。

B ブレンドコーヒーください。

A ブレンドコーヒーですね。サイズはいかがなさいますか。

B 普通のサイズでお願いします。

A それではMサイズでよろしいでしょうか。

B はい。

A ブレンドコーヒーMサイズ270円でございます。

B クレジットカードで。

A はい。こちらレシートでございます。当店のポイントカードはお持ちでしょうか。

B 持って来てないです。

A 次回ご来店の際にレシートを持ってきていただければ換算いたしますのでぜひご利用ください。

　A 어서 오세요.
　B 블렌드 커피 주세요.
　A 블렌드 커피 맞으시죠? 사이즈는 어떤 걸로 드릴까요?
　B 보통 사이즈 부탁해요.
　A M 사이즈 괜찮으신가요?
　B 네, 좋아요.
　A 블렌드 커피, M 사이즈는 270엔입니다.
　B 카드로 할게요.

A 네, 여기 영수증 받으시고요. 저희 포인트 카드는 있으세요?

B 안 가져왔네요.

A 다음에 오실 때 영수증이랑 가져오시면 포인트 적립해 드리니까 꼭 이용해 주세요.

レシートのお返しです

例 こちらレシートのお返しです。(×)
　こちらレシートでございます。(○)

거스름돈을 건넬 때는 큰돈을 받고 다시 잔돈을 내주기 때문에 '返す'라는 단어를 쓰지만, レシート(영수증)의 경우는 거스름돈처럼 돌려주는 것이 아니라서 '返す'를 쓰면 안 돼요. 영수증을 건넬 때는 レシートです 혹은 レシートでございます라고 하면 된답니다.

～になります

例 こちらジュースになります。(×)
　こちらジュースでございます。(○)

～になります와 ～です를 같은 뜻으로 혼동해서 쓰는 경우가 많은데, 이 말은 틀린 표현이에요. 정확한 표현은 ～でございます라고 해야겠죠. 그리고, ～になる라는 표현은 변하는 것을 나타낼 때 써요. 처음 예문을 보면, 지금은 주스가 아니지만 앞으로 주스로 변할 거예요! 이런 뜻으로 들려요. 물론 거스름돈을 돌려줄 때도 ～になる를 쓰면 안 돼요!

주문 2　mp3 3-2

A キャラメルマキアート2杯ください。

B キャラメルマキアートですね。ホイップはどうなさいますか。

A 一個はつけないでください。テイクアウトしたいんで紙コップに入れてください。

B はい、かしこまりました。サイズはどうなさいますか。

A トールで。あと、クーポン券持っているんですけど、これ使え

ますか。
B 申し訳ございません、こちらのクーポン券は各店舗限定なので当店ではご使用になれません。

A そうなんですか。

B もしよろしければ、当店のクーポン券を差し上げますので次回ご利用の際にぜひお使いください。

A ありがとうございます。

A 캐러멜 마키아토 두 잔 주세요.
B 캐러멜 마키아토 말씀이시죠? 휘핑크림은 어떻게 할까요?
A 한 잔은 올리지 마세요. 테이크아웃이니까 종이컵에 담아 주세요.
B 네, 알겠습니다. 사이즈는 어떤 걸로 드릴까요?
A 톨 사이즈로요. 그리고 쿠폰 있는데, 이거 쓸 수 있나요?
B 죄송하지만, 이 쿠폰은 해당 매장에서만 유효한 쿠폰이라 저희 매장에서는 사용하실 수 없으세요.
A 그래요?
B 혹시 괜찮으시면 저희 가게 쿠폰을 드릴 테니, 다음에 오셔서 꼭 사용하세요.
A 고마워요.

기타 유용한 말들 mp3 3-3

サイズはいかがなさいますか。 사이즈는 어떤 걸로 드릴까요?
お砂糖とミルクはお付けいたしますか。 설탕하고 우유를 넣어 드릴까요?
牛乳が切れてしまったのでラテ類はご注文できません。
우유가 떨어져서 라테류는 주문하실 수 없어요.
お水、お持ちいたしますね。 물 갖다 드릴게요.
おかわりされる場合は100円追加でございます。
리필하실 경우는 100엔 추가입니다.

コップはカウンターまでお願いいたします。

컵은 카운터로 반납해 주시기 바랍니다.

後ろでお待ちのお客様、レジへどうぞ。

뒤에 기다리시는 손님, 계산대로 오세요.

少々お時間かかりますがよろしいでしょうか。

시간이 조금 걸릴 텐데 괜찮으시겠어요?

커피숍에서 알아야 할 용어

早番 주간조 (주로 아침부터 저녁 사이에 일하는 것)

遅番 야간조 (주로 심야에 일하는 것)

シフト 교대 근무 (아르바이트에 들어가는 시간대)

イートイン (패스트푸드점 등의) 점내 음식

カスター 조미료를 넣는 일   シルバー 스푼, 포크, 나이프 등의 날붙이

ふきん 행주   ダスター 걸레

04 패스트푸드점

햄버거 가게　mp3 4-1

A いらっしゃいませ。お決まりでしたらご注文をどうぞ。
B ビッグマックとポテトください。
A 店内でお召し上がりですか。
B いや、持ち帰りで。
A テイクアウトですね、かしこまりました。セットでお飲み物はいかがですか。
B じゃあ、コーラで。
A ありがとうございます。100円追加でLサイズに変更できますがいかがですか。
B じゃあ、それで。
A はい、ありがとうございます。ビッグマックセットLサイズお一つで450円でございます。

A 어서 오세요. 주문 결정하셨으면 도와 드릴까요?
B 빅맥이랑 감자튀김 주세요.
A 드시고 가실 건가요?
B 아니요, 포장이에요.
A 테이크아웃 말씀이시죠? 알겠습니다. 세트 메뉴로 음료는 어떠세요?
B 콜라로 주세요.
A 감사합니다. 100엔 추가하시면 L 사이즈로 변경하실 수 있는데 어떠세요?
B 그럼 그렇게 해주세요..
A 네, 감사합니다. 빅맥 세트 L 사이즈 하나 하셔서 450엔입니다.

> **～のほうは**
>
> 例 お飲み物のほうはいかがですか。（×）
> 　お飲み物はいかがですか。（○）
>
> ～のほう라는 말은 방향을 나타내거나 둘 중 하나를 가리킬 때 쓰는 표현이에요. 주문을 받을 때는 쓰지 않도록 주의하세요.

치킨 가게   mp3 4-2

A ご注文はお決まりですか。

B チキンを頼みたいんですけど、新商品のレッドホットチキンって結構辛いですか。

A 小さなお子様には少し辛いと思います。

B じゃあ、オリジナルチキンとレッドホットチキンひとつずつください。

A はい、かしこまりました。店内でお召し上がりですか。

B はい。

A ご一緒にサラダやデザートはいかがですか。

B じゃあ、コーンサラダひとつください。

A ありがとうございます。

それではオリジナルチキンひとつとレッドホットチキンひとつとコーンサラダですね。

B はい。

A 주문 도와 드릴까요?
B 치킨 주문할 건데요, 신제품 레드핫 치킨이 많이 맵나요?
A 아직 어린 자녀분한테는 좀 매울 거 같은데요.
B 그렇다면 오리지널 치킨이랑 레드핫 치킨 하나씩 주세요.

A 네, 알겠습니다. 드시고 가실 건가요?
B 네.
A 치킨과 함께 샐러드나 디저트는 어떠세요?
B 그럼, 콘샐러드 하나 주세요.
A 감사합니다.
오리지널 치킨 하나, 레드핫 치킨 하나, 그리고 콘샐러드가 맞으시죠?
B 맞아요.

샌드위치 가게 mp3 4-3

A いらっしゃいませ！
B BLTひとつください。
A パンの生地をお選びください。
B ハニーオーツで。
A はい、かしこまりました。パンは焼きますか。
B はい。お願いします。
A ご希望のトッピングはございますか。
B ピーマン抜いてもらえますか。
A ピーマン抜きで、かしこまりました。ドレッシングはどうなさいますか。
B おすすめってありますか。
A BLTでしたらマヨネーズが人気ですよ。
B じゃあ、それで。
A 店内でお召し上がりですか。
B いいえ、単品持ち帰りで。
A かしこまりました。レジへどうぞ。

A 어서 오세요!
B BLT 샌드위치 하나 주세요.
A 빵 종류를 고르시겠어요?
B 허니오트로요.
A 네, 알겠습니다. 빵을 구워 드릴까요?
B 네, 부탁해요.
A 원하시는 토핑이 있으신가요?
B 피망 빼주실래요?
A 피망은 빼시고요. 알겠습니다. 드레싱은 어떻게 하시겠어요?
B 추천할 만한 게 있나요?
A BLT 샌드위치엔 마요네즈가 인기 있어요.
B 그럼 그걸로 해주세요.
A 드시고 가실 건가요?
B 아니요, 단품으로 포장해 갈게요.
A 알겠습니다. 계산해 드릴게요.

기타 유용한 말들 mp3 4-4

お持ち帰りですか。 포장이신가요?

店内でお召し上がりですか。 드시고 가실 건가요?

モーニングメニューは朝10時までとなっております。

모닝 메뉴는 아침 10시까지입니다.

深夜に2階フロアをご利用することはできません。

심야에는 2층을 이용하실 수 없어요.

店内での飲酒はご遠慮ください。 매장 내에서 음주는 삼가 주세요.

店内に他の商品の持ち込みはおやめください。

매장 내 외부 음식물 반입 금지입니다.

食券をお買い求めください。 식권을 구입해 주세요.

トイレをご使用の際は一言お伝えください。

화장실을 이용하실 때는 말씀해 주세요.

一人一品ご注文ください。 1인 1주문 해주세요.

05 패밀리 레스토랑

자리 안내　mp3 5-1

A いらっしゃいませ。何名様でしょうか。
B 4人です。
A 禁煙席と喫煙席どちらになさいますか。
B どちらでもいいです。
A ただいま喫煙席であればすぐにご案内できますがいかがなさいますか。
B じゃあ、喫煙席でお願いします。まだランチセット注文できますか。
A はい、大丈夫ですよ。ドリンクバーはご利用になりますか。
B はい、あの二人だけ利用ってできますか。
A 申し訳ございません。ドリンクバーをご利用の際はテーブルのお客様全員となっております。
B じゃあ、人数分お願いします。

A 어서 오세요. 몇 분이세요?
B 4명이요.
A 금연석과 흡연석 중에 어디로 하시겠어요?
B 어느 쪽이든 상관없어요.
A 지금 흡연석 괜찮으시면 바로 안내해 드릴 수 있는데, 어떠세요?
B 그럼 흡연석으로 주세요. 아직 런치 세트 주문 되나요?
A 네, 가능합니다. 드링크 바 이용하시겠어요?
B 네, 두 사람만 이용해도 될까요?

A 죄송하지만 드링크 바 이용하실 때는 테이블 손님 전원이 하셔야 해요.
B 그럼 사람 수대로 이용할게요.

주문 1　mp3 5-2

A ご注文はお決まりですか。
B オムライスとチーズインハンバーグとトマトクリームパスタとお子様ランチください。
A オムライスとチーズインハンバーグとトマトクリームパスタとお子様ランチお一つずつですね。
B はい。
A ハンバーグにはパンかライスが付きますがどちらになさいますか。
B パンでお願いします。それからサラダセットにしてください。
A サラダセットですね。ドレッシング3種類ございますのでこちらからお選びください。
B みんなシーザードレッシングでお願いします。
A それではご注文繰り返させていただきます。オムライスとチーズインハンバーグとトマトクリームパスタとお子様ランチお一つずつ。サラダセットでドレッシングはシーザーですね。
B はい。

A 주문하시겠습니까?
B 오므라이스랑 치즈인햄버그스테이크 그리고 토마토크림파스타랑 어린이 런치 세트 하나 주세요.
A 오므라이스, 치즈인햄버그스테이크, 토마토크림파스타, 어린이 런치 세트 하나씩이시죠?

B 네.

A 햄버그스테이크는 빵과 라이스 중 선택하실 수 있는데 뭘로 드릴까요?

B 빵으로 주세요. 그리고 샐러드 세트로 해주세요.

A 네, 샐러드 세트요. 드레싱은 3종류가 있으니 이쪽에서 골라 주세요.

B 전부 시저 드레싱으로 주세요.

A 그럼 주문 다시 확인하겠습니다. 오므라이스, 치즈인햄버그스테이크, 토마토크림스파스타, 어린이 런치 세트 하나씩이시고요. 샐러드 세트로 드레싱은 시저 맞으시죠?

B 네.

주문 2   mp3 5-3

A すみません。この写真のステーキください。

B ニューヨークストリップでございますね。

A はい。

B それではソースを下のメニューからお選びください。

A じゃあ、マッシュルームバターで。

B マッシュルームバターでございますね。サイドメニューを2つお選びください。

A オニオンリングとマッシュポテトで。

B オニオンリングとマッシュポテトでございますね。

A はい。

B 焼き加減はいかがなさいますか。

A ミディアムでお願いします。

B かしこまりました。ニューヨークストリップミディアムでソースはマッシュルームバターでございますね。
先にサイドメニューをお持ちいたしますので少々お待ちくださ

いませ。

A 저기요. 이 사진의 스테이크 주세요.
B 뉴욕 스트립이네요.
A 네.
B 소스를 아래 메뉴에서 골라 주시겠어요?
A 버섯버터로 주세요.
B 네, 버섯버터요. 사이드 메뉴 2개 골라 주세요.
A 어니언링이랑 매시트 포테이토 주세요.
B 네, 어니언링과 매시트 포테이토 말씀이시죠?
A 네.
B 어떻게 구워 드릴까요?
A 미디엄으로 해주세요.
B 알겠습니다. 뉴욕 스트립 미디엄에 소스는 버섯버터 맞으시죠?
먼저 사이드 메뉴를 가지고 오겠습니다. 잠시만 기다려 주세요.

기타 유용한 말들 mp3 5-4

ランチセットのお時間は終了いたしました。

런치 세트 시간이 종료되었습니다.

お砂糖とミルクはバーカウンターにございます。

설탕과 우유는 바 카운터에 준비되어 있습니다.

ティーバックの持ち帰りはご遠慮ください。

티백을 챙겨 가는 건 삼가 주세요.

コーヒーのおかわりはいかがですか。 커피 한 잔 더 드릴까요?

大変熱くなっておりますのでお気をつけください。

많이 뜨거우니 조심하세요.

申し訳ございません、こちらの商品はすでに品切れとなっておりま

す。 죄송합니다. 이 상품은 이미 판매 완료되었습니다.
英語のメニューもございます。 영어 메뉴도 있습니다.

패밀리 레스토랑 대표 메뉴

ミックスフライ 믹스프라이
竜田揚げ 다츠타아게 (간장과 미림 등으로 간을 하여 녹말가루를 묻혀 튀긴 것)
から揚げ 가라아게 (밀가루를 묻혀 튀긴 것)
和風ハンバーグ 일식 햄버그스테이크
明太パスタ 명란젓 파스타　ナポリタン 케첩 파스타
若鶏のグリル 치킨그릴　　ドリア 도리아
海老ピラフ 새우필라프　　エビフライ 새우튀김　　ちゃんぽん 짬뽕
チゲ鍋 찌개　　　　　　お子様ランチ 어린이 런치　パフェ 파르페

06 고깃집

자리 안내 mp3 6-1

A いらっしゃいませ。何名様でしょうか。
B 3人です。
A 申し訳ございませんが、ただいま満席でして少々お待ちいただくことになりますが…。
B どのくらいですか。
A 他にお待ちのお客様もいらっしゃいますので20分ほどかかると思います。
B 大丈夫です、待ちます。
A それでは、こちらにお名前をお書きください。お席が空きましたらすぐにお呼びいたします。
B はい。

A 山田様〜山田様はいらっしゃいますか。
B はい。
A お待たせいたしました。こちらのお席へどうぞ。
B はい。

A 어서 오세요. 몇 분이시죠?
B 3명인데요.
A 죄송하지만, 지금은 만석이라 좀 기다리셔야 하는데요….
B 얼마나요?

A 다른 손님들도 계셔서 20분 정도 기다리셔야겠는데요.
B 괜찮아요. 기다릴게요.
A 그러시면 여기에 성함을 적어 주세요. 자리 나는 대로 불러 드릴게요.
B 네.

A 야마다님! 야마다님! 계신가요?
B 네!
A 오래 기다리셨습니다. 이쪽 자리에 앉으세요.
B 고마워요.

주문 mp3 6-2

A すみません。
B はい、ご注文はお決まりですか。
A このファミリーセットって何人前ですか。
B こちらは3，4人前でございます。
A じゃあ、それひとつとあとご飯3人分。あと、ハラミってなんですか。
B 横隔膜の部位です。赤身で弾力があっておいしいですよ。
A じゃあ、それをひとつ追加で。
B ご注文は以上でよろしいでしょうか。
A ビール2杯とサイダー1杯ください。
B はい、かしこまりました。

A 여기요, 주문할게요.
B 네, 주문하시겠어요?
A 이 패밀리 세트는 몇 인분이죠?
B 이 세트는 3, 4인분입니다.

A 그럼 이 세트 하나랑 공기밥 3인분 주시고요. 그리고 하라미가 뭐죠?.
B 소의 안창살을 말하는데요. 살코기라서 쫄깃하고 맛있어요.
A 그럼, 그거 하나 추가해 주세요.
B 더 주문하실 건 없으세요?
A 맥주 두 잔하고 사이다 한 잔 주세요.
B 네, 알겠습니다.

よろしかったでしょうか

例 ご注文は以上でよろしかったでしょうか。(×)
　ご注文は以上でよろしいでしょうか。(○)

~かった라는 말은 과거형인데요, 주문을 확인할 때는 현재형으로 물어봐야겠죠.

불판 교환   mp3 6-3

A すみません、網交換してもらえますか。
B はい、ただいま。火も弱くなっているので炭も追加しますね。
A ありがとうございます。
B 前、失礼します。…はい、どうぞ。お使いください。
A あの、追加注文したいんですけど、1人前でもできますか。
B はい、大丈夫ですよ。何になさいますか。
A この骨が付いてたお肉なんですけど。これって何ですか。
B こちらのお肉は特上骨付きカルビですね。
A じゃあ、その特上骨付きカルビお願いします。あと冷麺もください。
B 冷麺と特上骨付きカルビ一人前ですね。かしこまりました。

A 죄송한데, 불판 좀 갈아 주시겠어요?

B 네, 지금 갈아 드려요. 불이 약해져서 숯도 추가해 드릴게요.

A 고마워요.

B 앞쪽에 실례합니다. … 네, 이제 사용하셔도 돼요.

A 저기 추가 주문할 건데, 1인분도 되나요?

B 네, 돼요. 뭘로 하시겠어요?

A 여기 뼈 있는 고기 말인데요, 이게 뭐죠?

B 이 고기는 특상 뼈갈비예요.

A 그럼, 이 특상 뼈갈비로 주세요. 그리고 냉면도 주세요.

B 냉면하고 특상 뼈갈비 1인분이시죠? 알겠습니다.

기타 유용한 말들 mp3 6-4

新しいお皿をお持ちしましょうか。 새 접시를 갖다 드릴까요?

網をお取替えしますね。 불판 갈아 드릴게요.

ドリンクバーはあちらです。 드링크 바는 저쪽에 있어요.

ホルモンは充分に火を通してからお食べください。

곱창은 충분히 익혀서 드세요.

お野菜、キムチの追加は別料金となっております。

채소나 김치를 추가하시면 비용을 따로 내셔야 해요.

お会計の際はカウンターまでお願いいたします。

계산은 카운터에서 부탁드려요.

こちらお下げしてもよろしいでしょうか。 이쪽은 치워도 될까요?

消臭スプレーをお使いになりますか。 냄새 제거 스프레이를 쓰시겠어요?

고깃집에서 알아야 할 용어

ハラミ 하라미(안창살)

冷麺(れいめん) 냉면

網(あみ) 불판

けむり 연기

盛(も)り合(あ)わせ 모듬

小皿(こざら) 작은 그릇

飲(の)み放題(ほうだい) 무제한 음료

バッシング 테이블 정리

タン 소 혀

火加減(ひかげん) 불 조절

お箸(はし) 젓가락

におい 냄새

おしぼり 물수건

取(と)り皿(ざら) 앞접시

ラストオーダー 마지막 주문

まかない 종업원에게 제공하는 식사

クッパ 국밥

ホルモン 곱창

スプーン 숟가락

焼(や)ける 굽다

グラス 유리잔

灰皿(はいざら) 재떨이

07 돈부리, 라면 가게

돈부리 주문　mp3 7-1

A いらっしゃいませ。お好きな席にお座りください。
B すみません、注文していいですか。
A はい、どうぞ。
B 牛丼並みとキムチ追加、あとタマゴください。
A はい、かしこまりました。
B あ、あとつゆだくで。
A はい、少々お待ちください。
B すみません、ここ紅しょうがないんですけど。
A ただいまお持ちしますね。
B ありがとうございます。

A 어서 오세요. 편하신 자리에 앉으세요.
B 여기요, 주문해도 될까요?
A 네, 주문하세요.
B 규동 보통 사이즈에 김치 추가해 주시고요, 계란도 주세요.
A 네, 알겠습니다.
B 아, 그리고 국물 많이요.
A 네, 잠시만 기다려 주세요.
B 저기요, 여기 생강이 없네요.
A 바로 갖다 드릴게요.
B 고마워요.

규동 상세 주문법

마츠야(松屋)나 나카우(なか卯) 등의 매장은 식권 자동판매기가 놓여 있지만, 다른 체인점은 카운터에서 직접 주문을 받는 곳이 많아요. 특히 요시노야(吉野家)는 단골 메뉴를 주문하는 손님이 많은 편이라 다음과 같은 주문 용어를 알아 두면 도움이 될 거예요.

つゆだく(汁多め) 국물 많이

つゆだくだく(もっと汁多め) 국물 좀 더 많이

頭の大盛り(肉大盛りでご飯少なめ) 고기를 많이, 밥은 적게

頭の特盛り(肉特盛りでご飯少なめ) 고기를 특대로, 밥은 적게

つゆぬき(汁なし) 국물 없이(적게)

肉下(肉の上にご飯を盛る) 고기 위에 밥을 얹어서

つめしろ(ご飯の温度を低くする) 밥을 차게 해서

とろだく(脂身の多い肉多め) 비계가 있는 고기 많이

お湯割り(薄味の味噌汁) 담백한 된장국

ねぎだく(ねぎ多め) 파를 많이

ねぎぬき(ねぎなし) 파가 없게

라면 주문 mp3 7-2

A すみません。

B はい、ご注文はお決まりですか。

A とんこつチャーシューひとつ。

B 麺の固さはいかがなさいますか。

A バリカタで。
あと、半熟卵つけてください。

B かしこまりました。

A あと、替え玉ってできますか。

B はい、できますよ。50円追加で大盛りもできますけどいかがなさいますか。

A じゃあ、とりあえず大盛りで。

B はい、かしこまりました。とんこつチャーシュー大盛り一丁！
半熟卵つき入ります！

A 여기요!

B 네, 주문하시겠어요?

A 돈코츠 차슈 하나요.

B 면은 어떻게 해드릴까요?

A 아주 딱딱하게요.
그리고 계란 반숙 올려 주세요.

B 네, 알겠습니다.

A 그리고 라면사리 추가할 수 있어요?

B 네, 물론이죠. 50엔 추가하시면 곱빼기도 되는데, 어떠세요?

A 그럼, 우선 곱빼기로 주세요.

B 네, 알겠습니다. 돈코츠 차슈 곱빼기 하나! 반숙 계란 추가로 주문받았습니다.

튀김 주문   mp3 7-3

A いらっしゃいませ。

B メニュー見せてもらえますか。

A はい、どうぞ。こちらでお召し上がりですか。

B いえ、持ち帰りで。天丼ひとつください。

A 天丼おひとつですね。お味噌汁はおつけしますか。

B いりません。あといんげんのナスがえで。

A かしこまりました。ナスに変更ですね。

B はい。
A サイズは並、大盛り、小盛りがございますがいかがなさいますか。
B 大盛りでお願いします。
A 天丼弁当大盛りいんげんのナスがえ600円でございます。

A 어서 오세요.
B 메뉴 좀 보여 주실래요?
A 네, 여기요. 드시고 가실 건가요?
B 아니요, 포장인데요. 튀김덮밥 하나 해주세요.
A 튀김덮밥 하나시죠? 된장국 필요하신가요?
B 괜찮아요. 참, 강낭콩을 가지로 바꿔 주세요.
A 알겠습니다. 가지로 바꾸시는 거죠?
B 네.
A 보통, 곱빼기, 작은 사이즈가 있는데, 어떤 걸로 하시겠어요?
B 곱빼기 부탁해요.
A 튀김덮밥 도시락 곱빼기, 강낭콩을 가지로 바꾸셔서 600엔입니다.

기타 유용한 말들 mp3 7-4

替え玉一つ入ります。 라면사리 하나 주문받았습니다.

しょうゆラーメン一丁! 쇼유 라면 하나!

お冷です。 물입니다.

大変熱くなっておりますのでお気をつけください。

많이 뜨거우니까 조심하세요.

やけどしないようにお気をつけください。

화상 입지 않게 조심하세요.

どんぶりはカウンターにおいたままで結構です。

그릇은 카운터에 그대로 두셔도 됩니다.

調味料はお好みでお使いください。 조미료는 취향대로 쓰세요.

スプーンをお持ちしましょうか。 숟가락을 갖다 드릴까요?

돈부리, 라면 가게 대표 메뉴

とんこつラーメン 돈코츠 라면

塩ラーメン 시오 라면

にんにく 마늘

ラー油 매운 기름

玉子 계란

チャーシュー 돼지고기

チャーハン 볶음밥

ネギ 파

天丼 튀김덮밥

牛丼 소고기덮밥

親子丼 오야코동

しょうゆラーメン 쇼유 라면

みそラーメン 미소 라면

こしょう 후추

紅しょうが 빨간 생강

半熟玉子 반숙 계란

餃子 만두

半チャン 반 볶음밥

汁 국물

えび天 새우튀김

カツ丼 가츠동

돈부리, 라면 가게에서 알아야 할 용어

並 보통 사이즈

替え玉 라면사리

大盛り 곱빼기

出前 배달

小盛り 작은 사이즈

どんぶり 돈부리

08 노래방

손님 안내 1 mp3 8-1

A いらっしゃいませ。何名様ですか。
B 3人です。
A ご利用時間はいかがなさいますか。
B 2時間で。
A ただいま混雑しておりまして、延長ができないかもしれませんが大丈夫でしょうか。
B はい、大丈夫です。
A それでは3名さま、2時間で302号室でございます。
B 先払いですか？
A いえ、後払いです。お時間10分前にお電話いたします。
B わかりました。

A 어서 오세요. 몇 분이신가요?
B 3명이요.
A 몇 시간 이용하시겠어요?
B 2시간 해주세요.
A 지금은 손님이 많아 연장이 안 되실 수도 있는데 괜찮으시겠어요?
B 네, 괜찮아요.
A 그럼 세 분 손님, 2시간 이용이시네요. 방은 302호실입니다.
B 선불인가요?
A 아니요, 후불이에요. 끝나시기 10분 전에 전화드릴게요.
B 그렇게 해주세요.

문제 해결 mp3 8-2

A　もしもし。
B　はい、フロントでございます。
A　あの、マイクがおかしいみたいなんですけど。
B　マイクですね。ただいまスタッフを向かわせますので少々お待ちください。

B　失礼いたします。どうなさいましたか？
A　歌おうとするとキーンってなるんですけど。
B　それではマイクとスピーカーを確認いたしますね。
A　はい、お願いします。
B　ハウリングをおこしていたのでスピーカーの向きを変えました。もう大丈夫ですよ。
A　はい。
B　それからマイクを持つときは丸い部分を持たないようにしてください。
A　わかりました。
B　また何かございましたらいつでもフロントまでお電話ください。

A　여보세요.
B　네, 프런트입니다.
A　마이크가 좀 이상한데요.
B　마이크 말씀이세요? 지금 바로 직원을 보낼 테니 잠시 기다려 주세요.

B　실례합니다. 무슨 일이시죠?

A 노래하려고만 하면 삐익- 소리가 나요.
B 그러시면 마이크하고 스피커 좀 확인해 드릴게요.
A 네, 부탁해요.
B 하울링이 있어서 스피커 방향을 바꿨어요. 이제 괜찮으실 거예요.
A 그래요.
B 그리고 마이크 잡을 땐 둥근 부분을 조심하세요.
A 알겠어요.
B 또 무슨 문제 생기시면 언제든 프런트로 전화 주세요.

하울링(ハウリング)

노래방에서 노래할 때 삐익 하는 소리가 날 때가 있어요. 그럼 노래 부르기 싫어지죠. 그걸 하울링이라고 해요. 하울링은 스피커에서 발생한 음이 마이크로 들어가고, 마이크로 들어간 음을 앰프에서 증폭시키고, 또 스피커에서 그 음을 발생시키면서 무한 루프하는 게 원인이죠. 또 스피커 각도나 마이크 잡는 법 등도 하울링의 원인이 되기도 해요. 아무튼 하울링이 생길 때는 반드시 대처할 수 있도록 방법을 확실히 알고 있어야 한답니다.

손님 안내 2　mp3 8-3

A いらっしゃいませ。何名様ですか。
B 16人なんですけど大きい部屋空いてますか。
A はい、大丈夫ですよ。
B じゃあ、それで2時間。
A かしこまりました。
　ただいま昼のサービス価格となっておりますのでお一人様ワンドリンクご注文いただきます。
B 飲み物って何でもいいんですか。

A はい、こちらの商品の中からお選びください。
B じゃあ、コーラとサイダー半々で。
A かしこまりました。お部屋は501号室でございます。
B どうも。

A 어서 오세요. 몇 분이세요?
B 16명인데, 큰 방이 있을까요?
A 네, 있습니다.
B 그럼, 거기로 2시간 해주세요.
A 알겠습니다.
지금은 낮 시간대 가격이라 손님 한 분당 음료를 하나씩 주문받고 있는데요.
B 음료는 뭐든지 돼요?
A 네, 여기 음료 중에서 골라 주세요.
B 그럼 콜라, 사이다 반반씩 섞어서 갖다 주세요.
A 알겠습니다. 방은 501호실입니다.
B 고마워요.

기타 유용한 말들 mp3 8-4

お待たせいたしました。 오래 기다리셨습니다.

ごゆっくりどうぞ。 즐거운 시간 보내세요.

延長なさいますか。 연장하시겠어요?

ただいま込み合っておりまして、延長はお断りしております。

지금은 손님이 많아 연장해 드릴 수 없어요.

お部屋は000号室でございます。 방은 000호실입니다.

トイレはまっすぐ行って右にございます。

화장실은 곧장 가셔서 오른쪽에 있어요.

ただいまの待ち時間は1時間でございます。

현재 대기 시간은 1시간입니다.
ほかのお客様の迷惑になる行為はおやめください。

다른 손님께 폐가 되는 행동은 삼가 주세요.
リモコンの使用方法についてご説明いたします。

리모컨 사용법을 알려 드릴게요.
ご予約のお客様でしょうか。 예약하신 손님이신가요?

노래방에서 알아야 할 용어

アニソン 애니송(애니메이션 송의 약칭)

リモコン 리모컨

スピーカー 스피커

ドリンク 음료

ワンオーダー 원 오더(1인 1주문)

ルーム 룸

延長 연장

キーコン 키컨(키 컨트롤의 약칭)

マイク 마이크

フロント 프런트

ハウリング 하울링

接客 접객

非常口 비상구

トイレ 화장실

09 옷가게

재고 문의   mp3 9-1

A いらっしゃいませ。

B あの、フリースを探しにきたんですけど。

A フリースですね。メンズコーナーは左、レディースコーナーは右のそれぞれ壁一面にございます。

B ありがとうございます。

A お客様、何かお探しですか。

B このフリースって何色があるんですか。

A そちらの商品は白、赤、黒、青、緑がございます。

B 白のMサイズって在庫ありますか。

A ただいま在庫を確認してまいりますので少々お待ちください。

B はい。

A お客様、白のMサイズはただいま在庫が切れておりまして、こちらの店舗にはございません。

B そうなんですか。わかりました。

   A 어서 오세요.
   B 플리스를 찾는데요.
   A 플리스 말씀이세요? 남성용은 왼쪽 벽면에, 여성용은 오른쪽 벽면에 있습니다.
   B 고마워요.

   A 손님, 찾으시는 게 있으신가요?

B 이 플리스 말예요. 무슨 색깔 있어요?

A 그 상품은 흰색, 빨강, 검정, 파랑, 초록색이 있어요.

B 흰색 M 사이즈 재고가 있을까요?

A 지금 바로 재고가 있는지 확인해 보겠으니 잠시 기다려 주세요.

B 네.

A 손님, 흰색 M 사이즈가 지금 품절이라 저희 매장엔 없습니다.

B 그래요? 알겠어요.

일본의 사이즈 표기

일본은 대체로 S, M, L과 호로 표기되어 있는 경우가 많아요. 또, 신발은 mm가 아니라 cm로 표기해요.
- 7호 S 사이즈 / 9호 M 사이즈 / 11호 L 사이즈 / 13호 XL 사이즈
- 235mm → 23.5cm

기장 수선   mp3 9-2

A いらっしゃいませ。

B これ、試着したいんですけど。

A ご試着はお一人様3着まででございます。

B じゃあ、デニムだけお願いします。

A かしこまりました。それではこちらへどうぞ。
試着がお済みの際はカウンターにこのカードと洋服をお渡しください。

B はい。

A お客様、いかがですか。

B これ買いたいんですけど、サイズみてもらえますか。

A はい、かしこまりました。カーテン開きますね。

B はい。

A …そうですね、サイズはちょうどだと思います。裾が長いので少しおつめしますね。

B はい。

A 針を刺しましたので、脱ぐ時にお気をつけください。

B どのくらいかかりますか。

A 今日ですとお直しに30分ほどいただくと思いますが、レジで一度ご確認ください。

A 어서 오세요.

B 이거 한번 입어 보고 싶은데요.

A 손님 한 분이 3벌까지 입어 보실 수 있어요.

B 그럼 청바지만 부탁할게요.

A 알겠습니다. 이쪽으로 오세요.

입어 보신 후에는 이 카드와 옷을 계산대로 주세요.

B 네.

A 손님, 어떠세요?

B 이걸로 살 건데, 사이즈 좀 봐주시겠어요?

A 네, 그러겠습니다. 커튼 열게요.

B 네.

A 글쎄요, 사이즈는 잘 맞는 거 같은데요. 기장이 좀 기니까 바짓단만 줄여 드릴게요.

B 네.

A 바늘을 꽂아 뒀으니까 벗을 때 조심하세요.

B 얼마나 걸릴까요?

A 오늘 같은 날 수선은 30분 정도 생각하시면 될 거 같은데, 계산대에 한번 확인해 보시겠어요?

계산

mp3 9-3

A いらっしゃいませ。

B これください。

A スカート一点、インナーシャツ一点でございますね。

B はい。

A インナーシャツは中に着るものですので、一度お買い上げいただくと返品はお受けできませんが大丈夫ですか。

B はい、それMサイズですよね。

A はい、Mサイズの黒でございます。

B スカートは返品対応していますか。

A はい、スカートを返品される際はレシートと一緒にお持ちください。タグを切ってしまいますと返品対象外となりますのでお気をつけください。

B わかりました。

A それではスカート一点、インナーシャツ一点で合計7,800円でございます。
ショッピングバッグは別途100円いただきますがいかがなさいますか。

B 結構です。そのまま持って帰ります。

A かしこまりました。

A 어서 오세요.

B 이거 주세요.

A 스커트 하나, 이너셔츠 하나 맞으시죠?

B 맞아요.

A 이너셔츠는 안에 입으시는 제품이라 일단 구매하시면 반품이 안 되는데 괜찮으시겠

어요?
- B 괜찮아요. 그거 M 사이즈 맞죠?
- A 네, 검정 M 사이즈가 맞습니다.
- B 스커트는 반품이 되나요?
- A 네, 스커트 반품하실 때는 영수증 지참해 주세요. 태그를 떼시면 반품이 안 되니 주의하시고요.
- B 네, 알겠어요.
- A 그럼 스커트 하나, 이너셔츠 하나 하셔서 7,800엔입니다.
  쇼핑백은 별도로 100엔을 내셔야 하는데, 어떻게 하시겠어요?
- B 괜찮아요. 그냥 그대로 가져갈게요.
- A 알겠습니다.

기타 유용한 말들 mp3 9-4

在庫はありますか。 재고가 있나요?

ごゆっくりご覧ください。 천천히 둘러보세요.

他店にあるか確認してまいりますね。

다른 매장에 있는지 확인해 보겠습니다.

何かお探しですか。 뭘 찾으시나요?

気に入った商品がございましたらおよびください。

마음에 드는 상품이 있으시면 부르세요.

こちらご試着なさいますか。 이거 입어 보시겠어요?

試着室はあちらでございます。 탈의실은 저쪽에 있습니다.

食べ物の持込はご遠慮ください。 음식물 반입은 삼가 주세요.

かごをお使いになりますか。 바구니를 사용하시겠어요?

お直しは別途料金になります。 수선은 별도 비용을 받습니다.

返品の際は必ずレシートをお持ちください。

반품하실 때는 반드시 영수증을 지참하세요.

옷가게에서 알아야 할 용어

うわぎ
上着 상의

ブラ 브래지어

パンツ 팬츠

スーツ 슈트

スニーカー 운동화

こうかん
交換 교환

したぎ
下着 속옷

カップ 컵

パンティー 팬티

デニム (ジーパン) 청바지

ざいこ
在庫 재고

へんぴん
返品 반품

1 일본 입국 사증 신청서 작성법
2 워킹홀리데이 이력서 작성법
3 워킹홀리데이 이유서 작성법
4 워킹홀리데이 계획서 작성법
5 워킹홀리데이 조사표 작성법

Part 8

일본 워킹홀리데이 비자 신청 서류 작성법

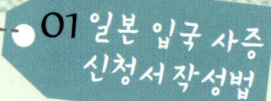

01 일본 입국 사증 신청서 작성법

사증 신청서는 일본어 또는 영어로 기입한다.

일본국 입국 사증(VISA) 신청서

*관용란

(여기에 사진을 붙이세요)
약 45mm X 45mm
또는 2in X 2in

성 (여권에 기재된 대로)_____❶_____ 한자 - 성_____❷_____
명 (여권에 기재된 대로)_____ 한자 - 명_____
다른 이름(본명 이외의 평소 사용하는 이름)
_____❸_____ 한자_____
생년월일_____❹_____ 출생지_____❺_____
          (일)/(월)/(년)   (구/시)   (시/도)   (국)
성별 : 남 ☐ 여 ☐   ❻   혼인여부 : 미혼 ☐ 기혼 ☐ 사별 ☐ 이혼 ☐
국적 또는 시민권 _____❼_____
    원국적 / 또는 다른 국적 또는 시민권 _____❽_____
국가에서 발급한 신분증 번호 (주민등록번호)_____❾_____
여권종류 : 외교 ☐ 관용 ☐ 일반 ☐ 기타 ☐ ❿
여권번호_____⓫_____
발행지_____⓬_____   발행일_____
                                           (일)/(월)/(년)
발행기관_____⓭_____   만기일_____
                                           (일)/(월)/(년)
방일목적_____⓮_____
일본체류예정기간_____⓯_____
일본입국예정일_____⓰_____
입국항_____⓱_____   이용선박 또는 항공편명_____⓲_____
숙박 호텔 또는 지인의 이름과 주소
   이름_____⓳_____   전화번호_____
   주소_____
이전에 일본에 체재한 날짜 및 기간_____⓴_____
현주소(만약 한군데 이상 주소가 있는 경우, 모두 기재해 주십시오.)
   주소_____㉑_____
   전화번호_____㉒_____ 휴대전화번호_____
현 직업 및 직위_____㉓_____
고용주의 이름 및 주소
   이름_____㉔_____   전화번호_____
   주소_____

❶ 성명 (여권에 기재된 대로): 여권상의 성과 이름 기입

❷ 성명 (한자): 한자 성과 이름 기입

❸ 다른 이름(본명 이외의 평소 사용하는 이름): 없음으로 기입

❹ 생년월일: 일/월/년 순으로 기입

❺ 출생지: 기본증명서를 참고하여 시/도/국 순으로 정확하게 기입 (예) 이천시/경기도/대한민국

❻ 성별 & 혼인여부: 신청자의 상황을 체크 박스에 표시

❼ 국적 또는 시민권: 대한민국으로 기입

❽ 원국적 / 또는 다른 국적 또는 시민권: 한국인은 없음으로 기입

❾ 국가에서 발급한 신분증 번호 (주민등록번호): 주민등록번호 기입

❿ 여권종류: 체크 박스 일반에 표시

⓫ 여권번호, 발행일, 만기일: 여권 첫 페이지의 정보를 참고하여 기입

⓬ 발행지: 서울, 부산 등 발행한 곳의 지역 기입

⓭ 발행기관: 외교통상부로 기입

⓮ 방일목적: 일본워킹홀리데이로 기입

⓯ 일본체류예정기간: 1년으로 기입

⓰ 일본입국예정일: 신청자의 출국 예정일이며, 정확하지 않아도 무방함 (예) 21/03/2016

⓱ 입국항: 신청자의 출국 계획에 맞게 기입하며, 실제 입국항이 정확하지 않아도 무방함 (예) 하네다 국제공항(도쿄), 간사이 국제공항(오사카)

⓲ 이용선박 또는 항공편명: 미정으로 기입

⓳ 숙박 호텔 또는 지인의 이름과 주소: 미정으로 기입

⓴ 이전에 일본에 체재한 날짜 및 기간: 과거 출입국력이 있다면 최근의 일정을 기입하고, 없다면 없음으로 기입 (예) 04/07/2014~09/07/2014 (5일)

㉑ 현주소: 주민등록증상의 주소를 기입하며, 실제 거주지가 다른 경우 실거주지도 추가 기입

㉒ 전화번호, 휴대전화번호: 지역번호부터 기입하며, 일반전화가 없다면 휴대전화번호만 기입

㉓ 현 직업 및 직위: 현재의 직업과 직위 기입 (예) 학생, 직장인

㉔ 고용주의 이름 및 주소: 학생인 경우 해당 학교명과 학교 정보를 기입하며, 직장인의 경우 회사명과 회사 정보를 기입

* 배우자의 직업 (신청자가 미성년자인 경우, 부모의 직업)
_____

일본 내 신원보증인 (일본 내 보증인 또는 방문자에 관하여 자세히 기재해 주십시오.)

이름_____ 전화번호_____

주소_____

생년월일_____ 성별 : 남 □ 여 □
(일)/(월)/(년)

신청인과의 관계_____

현 직업 및 직위_____

국적 및 체류자격_____

일본 내 초청인 (초청인이 보증인과 동일한 경우 "상동"으로 표시해 주십시오.)

이름_____ 전화번호_____

주소_____

생년월일_____ 성별 : 남 □ 여 □
(일)/(월)/(년)

신청인과의 관계_____

현 직업 및 직위_____

국적 및 체류자격_____

* 비고/특기사항_____

해당하는 곳에 표시해 주십시오
- 어떤 국가에서든 법률위반 또는 범죄행위를 한 적이 있습니까? 예 □ 아니오 □
- 어떤 국가에서든 1년 이상의 형을 선고 받은 적이 있습니까?** 예 □ 아니오 □
- 일본이나 다른 나라에서 불법행위나 불법장기체재 등으로 강제퇴거 당한 적이 있습니까? 예 □ 아니오 □
- 마약, 대마초, 아편, 흥분제, 향정신성 의약품 사용과 관련된 법률을 위반하여 형을 선고 받은 적이 있습니까?** 예 □ 아니오 □
- 매춘행위, 타인을 위한 매춘중 중개 및 알선, 매춘행위를 위한 장소제공 또는 매춘행위와 직접적으로관련된 행위에 연루된 적이 있습니까? 예 □ 아니오 □
- 인신매매 범죄를 저지르거나, 그러한 범죄를 저지르도록 타인을 선동하거나 도운 적이 있습니까? 예 □ 아니오 □

** 형을 선고 받은 적이 있다면, 그 형이 보류중이라도 "예"에 표시하십시오.

만약 "예"에 표시했다면, 죄명이나 위반사항을 명시하고 관련서류를 첨부하십시오.

```
┌─────────────────────────────────────┐
│                                     │
│                                     │
│                                     │
└─────────────────────────────────────┘
```

상기의 진술은 사실입니다. 그리고 본인은 입국항에서 입국심사관이 부여하는 재류자격 및 재류기간에 이의 없이 따르겠습니다. 본인은 사증을 가지고 있어도, 일본에 도착한 시점에서 입국자격이 없다고 판명되면 일본에 입국할 수 없다는데 동의합니다.
본인은(또는 본인의 사증 신청을 대신한 권한 내에서 공인된 여행사가) 상기의 개인 정보를 일본대사관 / 총영사관에 제공하고, 필요한 경우(여행사에 위임하여) 일본대사관/총영사관에서 사증 비용을 지불하는데 동의합니다.

신청일_____   신청인 서명 _____
(일)/(월)/(년)

* 항목은 반드시 기재하지 않아도 됩니다.

신청인의 개인정보(이하 "보유개인정보")와 이 신청서에서 설명한 개인과 관련된 정보는 행정기관에서 보관하는 개인정보의 보호와 관련된 일본 법률(이하 "법률"에 따라 적절하게 관리 및 감독될 것입니다. 보유개인정보는 신청자의 사증 신청을 위한 목적으로만(단, 조사 과정의 일부로서 관련 개인이나 기관으로부터 정보를 요청할 수 있음). 그리고 법률 8조에서 명시된 특별한 목적으로만 사용될 것이며, 관련된 개인의 동의 없이 다른 목적으로 사용되거나 제3자에게 제공되지 않을 것입니다.

㉕ 음영 문항 체크: 아니오에 표시

※ 2페이지는 워킹홀리데이 신청자의 경우 음영 문항 이외에는 전부 공란으로 두며, 문항에 체크 후 신청일과 신청인 서명 후 제출하면 된다.

02 워킹홀리데이 이력서 작성법

이력서는 일본어 또는 영어로 작성한다.

年月日 Date _____ ❶

履歴書 RESUME

○ 申請者氏名 Name of visa applicant:　　　性別 Sex:　　　年齢 Age:

_____　　男 M( )・女 F( )　　_____
姓(Surname)　名(Given and middle name)
❷　　　　　　　　　　　　　　　　　　　　❸

生年月日 Date of birth:　　　　　　出生地 Place of birth: (　　　　)

_____　　　_____
❹　　　　　　　　　　　　　　　　❺

○ 学歴(高校以上を記入) Educational Background from High School　　現在の状況 Present Situation:
学校名・学部・学科 Name of School, Department, Subject
　　　　　　　　　　　　　　　　　　　　　　　　　　卒業 Graduated( )　　休学 Absent( )
_____
❻　　　　　　　　　　　　　　　　　　　　　　　　　在学中 Registered( )　退学 Left( )
　　　　　　　　　　　　　　　　　　　　　　　　　卒業 Graduated( )　　休学 Absent( )
_____
　　　　　　　　　　　　　　　　　　　　　　　　　在学中 Registered( )　退学 Left( )
　　　　　　　　　　　　　　　　　　　　　　　　　卒業 Graduated( )　　休学 Absent( )
_____
　　　　　　　　　　　　　　　　　　　　　　　　　在学中 Registered( )　退学 Left( )

○ 職歴 Work Experience:
　　期間(Period)　　　　　　　　　　　職場名 :Name of Organization
　　　　　　　　　　　　　　❼
_____　　_____
_____　　_____
_____　　_____

○ 日本滞在歴 Experience of stay in Japan:
(該当する場合には、滞在期間、訪日目的、滞在場所 if any, please write the period, purpose, and place of each visit):
_____
❽
_____
_____

○ 過去のワーキング・ホリデー査証申請 Previous application for the Working Holiday visa:
　　ある Yes( )、ない No( )
　　　　　　　　　　❾
「ある」と答えた場合には、何回か記入してください。if yes, please indicate how many times:
　　1( )、2( )、3( )、4回以上 more than ( )

「ある」と答えた場合には、いつですか。(年/月/日) When? (year / month / day)

_____　　_____
_____　　_____
_____　　_____

○ 特技(日本語能力-JLPT、JPTなど) Skills(Japanese ability-JLPT, JPT etc.):
_____
❿
_____

❶ 작성일: 이력서 작성일 기입
❷ 성명: 신청자의 성명 기입
❸ 성별과 나이: 성별에 체크하고 만 나이 기입
❹ 생년월일: 신청자의 생년월일을 년/월/일/ 순으로 기입 (예) 1992/07/27
❺ 출생지: 기본증명서를 참고하여 정확하게 기입
❻ 학력: 고등학교부터 기입하며, 검정고시 합격자는 검정고시라고 기입
❼ 경력: 최종 학력 이후에 현재까지의 근무 경력을 기입 (가능한 한 공란보다는 아르바이트 이력이라도 기입하는 것이 좋다.)
❽ 일본 출입국력: 출생 이후 현재까지 일본에 다녀온 경험이 있는 자는 기간, 목적, 체재지 모두 기입 (예) 2013.06.24-2013.07.04 /단기체재/오사카
❾ 과거 워킹홀리데이 신청 경험: 해당 사항에 체크하며, 과거 신청 경험자는 횟수와 시기 모두 기입 (예) 1회, 2014/10/13
❿ 언어능력: 일본어자격증 소지자 등 언어능력 기입 (예) JLPT N2 합격

03 워킹홀리데이 이유서 작성법

이유서 샘플

理由書

日本は私にとって子供の頃から親しんできた友達のようなものです。日本についてあまり知らなかった子供の頃、ゲームやアニメーションをきっかけに日本文化に興味を持ち、もっと日本について知りたくなり、大学でも日本学を専攻しました。おかげで、日本語と日本文化について多くのことを知ることができ、より日本へ近づけたということが嬉しく思えました。
去年、日本探訪といって教授と約２０人の生徒と一緒に２泊３日の関西旅行をしたのが私の初めての海外旅行でした。大阪、神戸、京都などで２泊３日、充実した時間を過ごすことができました。本やTVでしか見ることができなかった日本の姿が目の前に広がった瞬間、とても感激してまるで夢のようだと思いました。都市ごとに違う趣、雰囲気、親切な日本人、おいしい食べ物、きれいで素敵な観光スポットと新世界のように感じた街の風景が今も目に焼きついています。今年は友人と名古屋に3泊4日で旅行してきたのですが、以前行った関西旅行とはまた一味違う感動があり、やはり日本は訪問するたびに不思議で魅力的な国であり、ぜひ一度生活してみたいと思うようになりました。
百聞は一見にしかずといわれるように、どんなに大学で日本について勉強しても、日本という国を理解し受け入れるには限界があると思います。一例として、「日本の歴史の理解」という科目を受講したのですが、各地域の歴史的名所を本で学ぶよりも、実際に行って直接体験した方がより印象に残り、良い思い出になるということをこの日本旅行を通して実感しました。しかし、短期旅行では数多くの観光スポットや独特の文化を持った日本という国を理解するにはとても足りないと思います。それで、ワーキングホリデー制度は私が日本についてより深く理解することができるよい機会だと思いました。ワーキングホリデービザを通じて、私が魅力を感じている日本という国を心の底から実感できるよう機会を与えてください。いつか自分の人生を振り返った時、ワーキングホリデーでの生活が自分の人生の中で貴重な経験だったと思えるように、ワーキングホリデーの趣旨に従い最善を尽くして過ごしたいと思います。
どうぞ宜しくお願いいたします。

이유서는 일본 워킹홀리데이 제도를 이용하고 싶은 이유에 대하여 자유 형식으로 작성한다. 영어보다 일본어로 작성하는 것이 좋다. 유학이나 관광이 아닌 워킹홀리데이 제도를 통하여 일본에 방문하고자 하는 목적이 무엇인지 정확하게 작성하는 것도 중요하다. 막연히 일본에서 일하고 여행하며 일본 문화를 체험하겠다는 내용보다는, 자신의 꿈을 위하여 왜 일본 워킹홀리데이가 필요한지 적극적이고 구체적인 내용으로 심사관을 설득해야 한다. 예를 들어 지금 관광학을 전공하는 대학생이라면, 관광 선진국인 일본에서 다양한 지역의 관광지와 그 지역의 특수한 관광 문화를 체험하며, 한국의 관광산업과 다른 점이나 배울 점에 대해 알아보고, 워킹홀리데이 생활을 마치고 귀국한 후에는 이러한 경험이 자신에게 어떠한 성장을 가져다줄 것인지 구체적으로 작성하는 것이 바람직한 이유서라고 볼 수 있다.

> 저는 일본이라는 나라가 어릴 적 소중한 친구처럼 느껴집니다. 일본을 잘 모르던 어린 시절, 일본 게임과 애니메이션을 만나면서 일본 문화에 흥미를 갖게 되었습니다. 그러다가 일본을 더 알고 싶은 마음에 대학에서 일어일문학을 전공하게 된 것입니다. 그 덕분에 일본어와 일본 문화에 대해 많은 것을 알게 되었고 지금은 일본과 훨씬 가까워진 것 같아 기쁩니다.
>
> 작년에는 교수님과 스무 명 남짓 되는 학생들이 함께 2박 3일 동안 간사이 지방에 일본 탐방을 다녀왔습니다. 저의 첫 해외여행이었죠. 사흘 동안 오사카, 고베, 교토 등을 돌아보며 뜻깊은 시간을 보냈습니다. 책이나 TV에서만 보던 일본의 모습이 제 눈앞에 펼쳐지던 순간이 얼마나 감격스럽고 꿈만 같던지요. 도시마다 색다른 정취하며 친절한 일본인, 맛있는 음식, 깨끗하고 근사한 관광지, 마치 신세계처럼 느껴지던 거리의 풍경이 아직 눈에 선합니다. 그리고 올해는 친구와 나고야로 3박 4일 여행을 다녀왔습니다. 이전에 다녀온 간사이 지방과는 또 다른 감동이 느껴지더군요. 역시 일본은 갈 때마다 묘한 매력이 있는 나라라는 생각이 들면서 언젠가 꼭 한 번 일본 생활을 해보고 싶었습니다.
>
> '백문이불여일견'이라는 말처럼, 아무리 대학에서 열심히 공부한들 일본이라는 나라를 알고 이해하기에는 분명 한계가 있다고 생각합니다. 예를 들어 〈일본 역사의 이해〉라는 과목을 수강한 적이 있었는데요, 그때 책에서 각 지역의 유적지를 배우는 것보다 직접 현장에서 경험해 보는 것이 얼마나 강하게 뇌리에 남고 좋은 추억이 되는지 실감할 수 있었습니다. 두 번의 여행이 주는 교훈인 셈이죠. 그렇지만 짧은 여행만으로는 일본의 수많은 관광 명소와 독특한 문화를 다 알기에는 턱없이 부족했습니다. 그런 이유에서 저는 워킹홀리데이 제도가 일본을 더 깊이 이해할 수 있는 절호의 기회라고 생각합니다. 이번 워킹홀리데이를 통해서 제가 흠뻑 빠져 있는 일본을 마음껏 사랑할 수 있도록 기회를 주시기 바랍니다. 훗날 제 인생을 돌아볼 때, 일본에서의 생활이 제 인생의 소중한 밑걸음이 될 수 있도록 워킹홀리데이의 뜻을 잘 살려 최선을 다하겠습니다. 잘 부탁드립니다.

04 워킹홀리데이 계획서 작성법

계획서는 워킹홀리데이 제도로 일본에 입국해서 무엇을 하고 싶은지를 자유 형식으로 작성한다. 이유서와 마찬가지로 되도록이면 일본어로 작성한다. 간혹 일본에 대해 알지 못하는 상황에서 의욕만 앞서 일본의 유명한 곳을 일일이 나열하며 대부분의 관광지를 체험하겠다는 포부를 밝히기도 하는데, 이런 계획서는 솔직히 말리고 싶다. 그보다는 이유서를 바탕으로 일본 워킹홀리데이를 선택한 이유와 1년 동안 돌아보게 될 지역에 대해 현실적인 계획이 드러나게 작성하도록 한다. 예를 들어 자신의 대학 전공을 살린 관광 문화 체험이 일본 방문의 주된 이유라면, 일본의 관광산업이 발달한 도쿄를 비롯 오사카, 교토 등의 관광 명소를 예시하며 일본 생활 초기에는 언어 습득에 우선순위를 두며 가까운 곳 중심으로 여행을 하고, 어느 정도 적응이 되면 아르바이트도 하면서 꼭 가보고 싶은 명소를 둘러보겠다고 구체적으로 작성해야 현실적인 계획서라고 볼 수 있다.

계획서 샘플

計画書

<東京>2015年12月～2016年3月

まず日本の首都である東京で日本の生活に慣れたいと思います。日本語学校に通いながら日本語能力を上達させ、日本人や様々な国籍の友達を作りたいと思っています。また、日本語学校で料理、楽器、伝統衣装など、日本の伝統文化も体験したいと思います。日本の生活に慣れたらアルバイトも始めて、ワーキングホリデー生活で必要な経費を稼ぐつもりです。また、新宿、渋谷、原宿など有名な繁華街で、東京の若者達の文化も体験したいと思っています。特に原宿の竹下通りで、安くてユニークな様々なアイテムを手に入れ、渋谷ではグルメも楽しみたいです。

<札幌>2016年4月～2016年6月
天の恵みである自然環境を持つ北海道の札幌で、映画やテレビでみた素晴らしい自然の風景を実際に見たいと思います。電動自転車に乗って美瑛の青く広い自然を感じたり、富良野のファーム富田とラベンダーイーストの色鮮やかに広がる花の饗宴も楽しみたいと思います。また、札幌の有名な夜景も見逃せません。大学の教授から　札幌に行くならぜひラーメンを食べてきなさいと言われたので、有名なラーメン屋も回ってみたいと思っています。できればラーメン屋でアルバイトもしてみたいと考えています。

<福岡>2016年7月～2016年9月
夏は福岡で九州の様々な所を旅行するつもりです。西欧と日本の文化が調和している日本の三大美港の長崎で、オペラ「喋々婦人」の舞台としても有名なグラバー邸やハウステンボスを訪れ、きれいな庭園と異国的な建物を直接見てみたいと思います。宮崎にも行って、南太平洋のイースター島でしか見ることのできないサンメッセ日南のモアイ像と写真を撮り、湯布院の異色の街も歩いてみたいです。有名な別府の温泉に入り旅の疲れを取りリフレッシュしたいと思います。

<京都>2016年10月～2016年11月
最も日本らしい京都で日本ならではの趣きを肌で感じたいと思います。伏見稲荷大社をはじめ京都の有名な神社や寺を訪れ、「日本の歴史の理解」受講中に大学の教授が絶賛した清水寺、金閣寺、銀閣寺などの観光スポットも訪問する予定です。また伝統的な街を歩きながら日本の三大寿司で有名な鯖寿司も味わってみたいです。最終日には神戸のハーバーランドやメリケンパークのポートタワーで、神戸ならではの素敵な夜景を眺めながら、一年間を振り返り整理する時間を持ち、この旅を締めくくりたいと思います。

〈도쿄〉 2015년 12월~2016년 3월

먼저 일본의 수도 도쿄에서 일본 생활을 시작하려고 합니다. 일본어학교에 다니며 언어능력을 쌓고 일본 친구를 포함하여 다양한 나라에서 온 친구들을 만나 보고 싶습니다. 그리고 일본어학교에서 일본의 음식, 악기, 전통 의상 등 일본 문화도 두루 체험하겠습니다. 그러다 일본 생활에 적응이 되면 아르바이트를 시작해 생활비도 스스로 마련할 생각입니다. 또 신주쿠, 시부야, 하라주쿠 같은 번화가에 가서 도쿄 젊은이들의 열정을 직접 느껴 보고 싶습니다. 특히 하라주쿠 다케시타도오리에서의 싸고 개성 넘치는 아이템 쇼핑과 시부야 맛집 탐방은 생각만으로도 즐겁습니다.

〈삿포로〉 2016년 4월~2016년 6월

천혜의 자연을 품은 홋카이도의 삿포로에서 지금껏 TV나 영화에서만 보던 아름다운 경치를 실컷 눈에 담아 오고 싶습니다. 비에이 푸른 들판을 자전거를 타고 누비고, 후라노의 팜 도미타와 라벤더 이스트에서 형형색색 물들어 있는 꽃들의 향연에 함께할 생각입니다. 또, 삿포로의 소문난 야경도 빼놓을 수 없겠지요. 삿포로에 가거든 라면을 꼭 먹어 보라고 하신 교수님 말씀이 생각나네요. 삿포로의 유명 라면집 탐방도 해봐야겠습니다. 할 수만 있다면 라면집에서 아르바이트를 해보는 것도 좋을 것 같습니다.

〈후쿠오카〉 2016년 7월~2016년 9월

여름에는 후쿠오카에 머물며 규슈 곳곳을 여행할 생각입니다. 이국적인 문화가 가득한 일본의 3대 미항 중 하나인 나가사키를 가봐야겠지요. 오페라 〈나비부인〉으로 유명한 구라바엔과 하우스텐보스에 들러 아름다운 정원과 이국적인 건물들을 직접 구경할 것입니다. 미야자키에도 가서, 남태평양 이스터 섬에서만 볼 수 있다는 선멧세니치난의 모아이상과 사진도 찍고 유후인의 이색 거리도 거닐어 보고 싶습니다. 소문난 벳푸 온천에서는 여행의 피로를 풀며 재충전하면 좋을 것 같습니다.

〈교토〉 2016년 10월~2016년 11월

가장 일본다운 도시 교토에 머물며 일본 고유의 정취를 느끼고 싶습니다. 후시미이나리 신사에서 시작하여 교토 곳곳에 있는 유명한 신사나 절을 돌아보고, 〈일본 역사의 이해〉를 강의하시며 교수님께서 극찬하시던 청수사, 금각사, 은각사 등의 관광 명소도 찾을 생각입니다. 또 교토의 전통 거리를 간 김에 일본 3대 스시로 유명한 사바즈시(고등어 초밥)도 먹어 보고 싶습니다. 마지막 날에는 고베의 하버랜드와 메리켄 파크의 포트 타워에서, 고베의 멋진 야경을 바라보며 지난 1년을 되돌아보고 이 여행을 마무리하고 싶습니다.

05 워킹홀리데이 조사표 작성법

조사표는 번역본을 참고하여 각 질문에 대한 신청자의 답을 체크한다.

調査票

以下の各問について，該当する番号に「○」印をつけてください。
（「その他」に該当する場合は，（　　　　　　）に具体的な内容を記入してください。）

問1．「日韓ワーキング・ホリデー制度」を熟読しましたか。
答1．　①　はい　　　　　　　②　いいえ

問2．「日韓ワーキング・ホリデー制度」の趣旨や就労制限等について理解し，同意しますか。
答2．　①　はい　　　　　　　②　いいえ

問3．あなたの主たる訪日目的は何ですか。
答3．　①　観光　　　　　　　②　異文化体験
　　　③　就労　　　　　　　④　その他（　　　　　　　　　　）

問4．日本において就労することを予定していますか。
答4．　①　はい　　　　　　　②　いいえ

問5．（問4．で①と回答した方のみ）すでに就労先は決まっていますか。
答5．　①　はい　　　　　　　②　いいえ

問6．（問5．で①と回答した方のみ）求職方法は以下のどれでしたか。
答6．　①　知人の紹介
　　　②　新聞，雑誌，インターネット（具体的に　　　　　　　　　）
　　　③　韓国国内の業者を通じた斡旋
　　　④　その他（　　　　　　　）

問7．（問5．で②と回答した方のみ）想定している求職方法は以下のどれに該当しますか。
答7．　①　知人の紹介
　　　②　新聞，雑誌，インターネット（具体的に　　　　　　　　　）
　　　③　その他（　　　　　　　）

작성일 기입
_____年_____月_____日

本人署名　　서명

조사표

아래 각 질문에 대해서 해당되는 번호에 「O」를 해주십시오.
('기타'에 해당하는 경우에는 (　　)에 구체적인 내용을 써 주십시오.)

질문 1.　별첨 '일한 워킹 홀리데이 제도'를 충분히 이해했습니까?
답 1　　① 예　　　② 아니오

질문 2.　별첨 '일한 워킹 홀리데이 제도'의 취지나 취업 제한에 대해서 이해하고 동의합니까?
답 2　　① 예　　　② 아니오

질문 3.　당신의 주된 방일 목적은 무엇입니까?
답 3　　① 관광　　　② 다른 문화 체험
　　　　③ 취업　　　④ 기타 (　　　　　　　　)

질문 4.　일본에서 취업할 예정이 있습니까?
답 4　　① 예　　　② 아니오

질문 5.　(질문 4에서 ①이라고 대답하신 분만) 취업처는 이미 정해져 있습니까?
답 5　　① 예　　　② 아니오

질문 6.　(질문 5에서 ①이라고 대답하신 분만) 구직 방법은 다음의 어떤 방법이었습니까?
답 6　　① 지인의 소개
　　　　② 신문, 잡지, 인터넷 (구체적으로 _____)
　　　　③ 한국 국내의 업자를 통한 알선
　　　　④ 기타 (_____)

질문 7.　(질문 5에서 ②라고 대답하신 분만) 예정하고 있는 구직 방법은 다음의 어떤 방법입니까?
답 7　　① 지인의 소개
　　　　② 신문, 잡지, 인터넷 (구체적으로 _____)
　　　　③ 기타 (_____)

　　　　　　　　　　　　　　　　　　년　　　　월　　　　일

　　　　　　　　　　　　　　　　　　본인 서명 _____

지역별 일본어학교 리스트

東京都 도쿄도

학교명	전화번호 / 홈페이지
大原日本語学院 오하라 일본어학교	03-3237-7120 http://jls.o-hara.ac.jp/
九段日本文化研究所日本語学院 구단시타 일본문화연구소 일본어학원	03-3239-7923 http://www.kudan-japanese-school.com/jp/
YMCA東京日本語学校 YMCA 동경 일본어학교	03-3233-0615 http://www.ymcajapan.org/ayc/nihongo/JP/
青山国際教育学院 아오야마 국제교육학원	03-3403-3186 http://www.aoyama-international.com/jp-index-k
江戸カルチャーセンター 에도 컬처센터	03-3589-0202 http://www.edocul.com/
ISIアイエスアイランゲージスクール ISI 랭귀지스쿨	03-5155-6886 http://www.isi-education.com/korean/wp/
東京ギャラクシー日本語学校 동경갤럭시 일본어학교	03-5765-2805 http://www.tokyogalaxy.ac.jp/ja/
アークアカデミー新宿校 아크아카데미 신주쿠교	03-5337-0166 http://jp.arc-academy.net/
エリート日本語学校 엘리트 일본어학교	03-3232-0550 http://eliteschooljapan.com/index.php
カイ日本語スクール 카이 일본어스쿨	03-3205-1356 http://www.kaij.jp/
KCP地球市民日本語学校 KCP 지구시민 일본어학교	03-3356-2359 http://www.kcp.ac.jp/
サム教育学院 사무교육학원	03-3205-2020 http://www.samu-language.com/
新宿平和日本語学校 신주쿠 헤이와 일본어학교	03-6304-0088 http://www.shinjuku-heiwa.com/home_kr.html

千駄ヶ谷日本語学校 센다가야 일본어학교	03-5337-7001 http://www.jp-sjs.ac.jp/kor/
東京外語専門学校 동경 외어전문학교	03-3367-1181 http://www.tflc.ac.jp/
東京中央日本語学院 동경중앙 일본어학교	03-3342-8001 http://tcj-jp.com/jp/
東京日本語研究所 동경 일본어연구소	03-5287-1751 http://www.tokyonk.com
東京ワールド外語学院 동경월드 외어학원	03-5332-3531 http://www.twla.jp/ko/
東進ランゲージスクール TS 랭귀지스쿨	03-5337-2590 http://www.tsschool.co.jp/index_ja.php
ヒューマンアカデミー 東京校 휴먼아카데미 동경교	03-5348-8951 http://hajl.athuman.com/
MCA日本語学校 MCA 일본어학교	03-5332-9332 http://www.mcaschool.jp/
ユニタス日本語学校東京校 유니타스 일본어학교 동경교	03-5287-5636 http://www.unitas-ej.com/index.php
ラボ日本語教育研修所 라보 일본어교육연구소	03-5908-3877 http://www.labo-nihongo.com/
早稲田EDU日本語学校 와세다 EDU 일본어학교	03-5937-4355 http://www.wasedals.com/
早稲田外語専門学校 와세다 외어전문학교	03-3208-8801 http://www.waseda-flc.ac.jp/course/japanese/
インターカルト日本語学校 인터컬트 일본어학교	03-5816-4861 http://www.incul.com/kr/japanese_school/
玉川国際学院 다마가와 국제학원	03-3861-8201 http://www.tamagawa-school.jp/index-ja.html
秀林日本語学校 수림 일본어학교	03-3632-1071 http://www.shurin.ac.jp/jap_japanese/
長沼スクール 東京日本語学校 나가누마스쿨 도쿄 일본어학교	03-3463-7261 http://www.naganuma-school.ac.jp/jp/

イーストウエスト日本語学校 이스트웨스트 일본어학교	03-3366-4717 http://www.eastwest.ac.jp/eastwest
TOPA21世紀語学校 TOPA 21세기 어학교	03-5380-5011 http://www.topa21.co.jp
アン・ランゲージ・スクール 안 랭귀지스쿨	03-3989-0007 http://www.anschool.net/korea
日本外国語専門学校日本語科 일본외국어전문학교 일본어과	03-5996-5411 http://www.jcfl.ac.jp/nihongo
メロス言語学院 메로스 언어학원	03-3980-0068 http://www.meros.jp
ATI東京日本語学校 ATI 동경일본어학교	03-5692-1900 http://atijapan.com
JET日本語学校 JET 일본어학교	03-3916-2101 http://jet.ac.jp
赤門会日本語学校 아카몬카이 일본어학교	03-3806-6102 http://akamonkai.co.kr
ダイナミックビジネスカレッジ 다이내믹 비즈니스컬리지	03-3802-8810 http://www.dbcjap.com/jp
国書日本語学校 국서 일본어학교	03-5970-7802 http://www.kokusho.co.kr
東洋言語学院 동양 언어학원	03-5605-6211 http://www.tls-japan.com
東京城北日本語学院 동경성북 일본어학원	03-5242-8501 http://www.tokyojohoku.com

학교명	전화번호 / 홈페이지
メリック日本語学校 메릭 일본어학교	06-6646-0330 http://www.meric.co.jp/meric
ヒューマンアカデミー 大阪校 휴먼아카데미 오사카교	06-6282-6098 http://hajl.athuman.com
J国際学院 J 국제학원	06-6532-7480 http://jcom-ies.co.jp
関西外語専門学校日本語課程 관서외어전문학교 일본어학교	06-6621-8115 http://www.tg-group.ac.jp/~amr/j/top.html

大阪府
오사카부

神奈川県 가나가와현

학교명	전화번호 / 홈페이지
飛鳥学院 아스카학원	045-231-2811 http://www.asuka-gakuin.jp
翰林日本語学院 한림 일본어학교	045-983-2228 http://www.kanrin.net
早稲田EDU日本語学校 横浜校 와세다 EDU 일본어학교 요코하마교	044-246-5573 http://www.wasedaedujp.com
横浜国際教育学院 요코하마 국제교육학원	045-250-3656 http://yiea.com/kr

千葉県 지바현

학교명	전화번호 / 홈페이지
双葉外語学校 후타바 외어학교	043-244-9081 http://www.futabacollege.com

埼玉県 사이타마현

학교명	전화번호 / 홈페이지
埼玉日本語学校 사이타마 일본어학교	048-642-8058 http://www.s-jls.com
日本工業大学 留学生別科 일본공업대학 유학생별과	0480-34-4111 http://www.nit.ac.jp/gakka/ryugaku.html
埼玉国際学園 사이타마 국제학원	048-526-4155 http://www.saisc.jp

静岡県 시즈오카현

학교명	전화번호 / 홈페이지
A.C.C. 国際交流学園 A.C.C. 국제교육학원	0544-24-8828 http://www.accjapan.com
静岡国際言語学院 시즈오카 국제언어학원	0538-23-7788 http://www4.tokai.or.jp/sils

兵庫県 효고현

학교명	전화번호 / 홈페이지
国際語学学院 국제어학학원	078-576-6129 http://www5d.biglobe.ne.jp/~ila
コミュニカ学院 커뮤니카학원	078-333-7720 http://www.communica-institute.org

京都府 교토부	학교명	전화번호 / 홈페이지
	アークアカデミー京都校 아크아카데미 교토교	075-353-7566 http://jp.arc-academy.net
	京都日本語教育センター 교토 일본어교육센터	075-414-0449 http://kjls.or.jp

福岡県 후쿠오카현	학교명	전화번호 / 홈페이지
	FLA学院 FLA 학원	092-481-8601 http://oh.anyserver.org
	福岡YMCA日本語学校 후쿠오카 YMCA 일본어학교	092-781-7410 http://www.fukuoka-ymca.or.jp/japanese

愛知県 아이치현	학교명	전화번호 / 홈페이지
	ECC日本語学院　名古屋校 ECC 일본어학원 나고야교	052-339-2977 http://www.ecc-nihongo.com
	外語学院アドバンスアカデミー 외어학원 어드밴스아카데미	052-932-7303 http://www.advance-academy.jp

長野県 나가노현	학교명	전화번호 / 홈페이지
	長野国際文化学院 나가노 국제문화학원	0266-53-8155 http://www.nicc-nagano.jp

広島県 히로시마현	학교명	전화번호 / 홈페이지
	広島YMCA専門学校日本語学科 히로시마 YMCA 전문학교 일본어학과	082-223-1292 http://www.hymca.jp/kr

沖縄県 오키나와현	학교명	전화번호 / 홈페이지
	沖縄JCS学院 오키나와 JCS 학원	098-862-0045 http://www.okinawajcs.com
	日本文化経済学院 일본 문화경제학원	098-869-8686 http://www.jice.ac.jp

	학교명	전화번호 / 홈페이지
北海道 홋카이도	インターナショナルアカデミー 인터내셔널 아카데미	011-281-5188 http://www.myiay.com/j
	札幌国際日本語学院 삿포로 국제일본어학교	011-562-7001 http://jli.co.jp

일본어 입력 방법(로마자)

あ a	か ka	さ sa	た ta	な na	は ha	ま ma	や ya	ら ra
い i	き ki	し si	ち ti	に ni	ひ hi	み mi	いぇ yi	り ri
う u	く ku	す su	つ tu	ぬ nu	ふ hu	む mu	ゆ yu	る ru
え e	け ke	せ se	て te	ね ne	へ he	ぬ me	いぇ ye	れ re
お o	こ ko	そ so	と to	の no	ほ ho	も mo	よ yo	ろ ro

ヵ xka	きゃ kya	ぎゃ gya	しゃ sya	じゃ ja	ちゃ cha	ぢゃ dya	てゃ tha	でゃ dha
ヶ xke	きぃ kyi	ぎぃ gyi	しぃ syi	じぃ jyi	ちぃ chi	ぢぃ dyi	てぃ thi	でぃ dhi
っ xtu	きゅ kyu	ぎゅ gyu	しゅ syu	じゅ jyu	ちゅ chu	ぢゅ dyu	てゅ thu	でゅ dhu
ゎ xwa	きぇ kye	ぎぇ gye	しぇ sye	じぇ jye	ちぇ che	ぢぇ dye	てぇ the	でぇ dhe
	きょ kyo	ぎょ gyo	しょ syo	じょ jyo	ちょ cho	ぢょ dyo	てょ tho	でょ dho

컴퓨터나 스마트폰의 영어자판으로 일본어를 입력하는 방법입니다. 촉음은 뒤에 오는 자음을 두 번 누르면 입력됩니다.
예) やった(yatta), 切手(kitte)

あ	い	う	え	お
la	li	lu	le	lo

カ	ケ	つ	わ	や	ゆ	よ
lka	lke	ltu	lwa	lya	lyu	lyo

わ	ん	が	ざ	だ	ば	ぱ	あ
wa	nn	ga	za	da	ba	pa	xa
ゐ		ぎ	じ	ぢ	び	ぴ	い
wi		gi	zi	di	bi	pi	xi
う	ゃ	ぐ	ず	づ	ぶ	ぷ	う
wu	xya	gu	zu	du	bu	pu	xu
ゑ	ゅ	げ	ぜ	で	べ	ぺ	え
we	xyu	ge	ze	de	be	pe	xe
を	ょ	ご	ぞ	ど	ぼ	ぽ	お
wo	xyo	go	zo	do	bo	po	xo

にゃ	ひゃ	びゃ	ぴゃ	ふぁ	ふゃ	みゃ	りゃ
nya	hya	bya	pya	fa	fya	mya	rya
にぃ	ひぃ	びぃ	ぴぃ	ふぃ	ふぃ	みぃ	りぃ
nyi	hyi	byi	pyi	fi	fyi	myi	ryi
にゅ	ひゅ	びゅ	ぴゅ	ふ	ふゅ	みゅ	りゅ
nyu	hyu	byu	pyu	fu	fyu	myu	ryu
にぇ	ひぇ	びぇ	ぴぇ	ふぇ	ふぇ	みぇ	りぇ
nye	hye	bye	pye	fe	fye	mye	rye
にょ	ひょ	びょ	ぴょ	ふぉ	ふょ	みょ	りょ
nyo	hyo	byo	pyo	fo	fyo	myo	ryo